「一國兩制」在香港

從探索型實踐
到高質量實踐

張 建 著

太平書局・商務印書館

責任編輯　陳偉鵬

裝幀設計　涂　慧

排　　版　高向明

責任校對　趙會明

印　　務　欣　欣

「一國兩制」在香港

從探索型實踐到高質量實踐

作　　者　張　建

出　　版　太平書局
　　　　　商務印書館（香港）有限公司
　　　　　香港筲箕灣耀興道 3 號東滙廣場 8 樓
　　　　　http://www.commercialpress.com.hk

發　　行　香港聯合書刊物流有限公司
　　　　　香港新界荃灣德士古道 220-248 號荃灣工業中心 16 樓

印　　刷　美雅印刷製本有限公司
　　　　　九龍觀塘榮業街 6 號海濱工業大廈 4 樓 A 室

版　　次　2023 年 10 月第 1 版第 1 次印刷
　　　　　© 2023 商務印書館（香港）有限公司
　　　　　ISBN 978 962 32 9372 3
　　　　　Printed in Hong Kong
　　　　　版權所有，不得翻印。

目 錄

導　論

　　鄧小平創造性提出「一國兩制」的科學構想，開闢了以和平方式實現中國統一的新路徑。1997 年 7 月 1 日，中央政府對香港恢復行使包括管治權在內的完整主權。香港回歸，既洗刷中華民族百年恥辱，又完成實現國家完全統一的重要一步。回歸後，香港作為特別行政區，重新納入國家治理體系，「一國兩制」開啟實踐進程。中央政府依照《憲法》和《基本法》，對香港實行全面管治，授權香港實行高度自治。《憲法》和《基本法》共同構成香港的憲制基礎。

　　中國共產黨是「一國兩制」的創立者、領導者、踐行者和維護者。「一國兩制」是中國共產黨和中國政府長期堅持的基本國策，需要在實踐中不斷探索。《中華人民共和國香港特別行政區基本法》序言中指出中國香港自古以來就是中國的領土。1840 年鴉片戰爭以後，中國香港被英國佔領。1984 年 12 月 19 日，中英兩國政府簽署了關於香港問題的聯合聲明，確認中華人民共和國政府於 1997 年 7 月 1 日恢復對中國香港行使主權，實現了長期以來中國人民收回中國香港的共同願望。根據《中華人民共和國憲法》第三十一條規定：「國家在必要時得設立特別行政區，在特別行政區內實行的制度按照具體情況由全國人民代表大會以法律規定。」《基本法》第一條規定：「香港特別行政區是中華人民共和國不可分離的部分。」《基本法》第十二條規定：「香港特別行政區是中華人民共和國的一個享有高度自治權的地方行政區域，直轄於中央人民政府。」《中華人民共和國香港特別行政區

維護國家安全法》第二條指出：「關於香港特別行政區法律地位的《香港特別行政區基本法》第一條和第十二條規定是《香港特別行政區基本法》的根本性條款。」《憲法》和《基本法》確立了香港特別行政區的法律地位，為「一國兩制」提供法律制度的基礎；《香港國安法》則為「一國兩制」的高質量實踐提供安全制度的保障。

中共第十一屆三中全會以後，以鄧小平為主要代表的中國共產黨人，從國家和民族的根本利益出發，在實行改革開放的背景與實現中美建交的條件下，為和平解決台灣問題，確立了爭取中國和平統一的大政方針，創造性地提出了「一個國家，兩種制度」的科學構想，並首先用以解決香港和澳門問題。[1] 香港回歸以來，中央對香港的大政方針一脈相承，以江澤民、胡錦濤、習近平為核心的歷代中共中央政府指導了「一國兩制」的實踐。中共十八大以來，習近平總書記對「一國兩制」的實踐和香港工作作出重要論述，體現了以習近平為核心的黨中央治國治港的新理念、新思想、新戰略，進一步深化中國共產黨對「一國兩制」實踐的規律性認識。2021 年 11 月，中國共產黨第十九屆中央委員會第六次全體會議中通過的《中共中央關於黨的百年奮鬥重大成就和歷史經驗的決議》，將「一國兩制」寫入黨的歷史決議，表明中央政府會堅定不移地推行「一國兩制」。2022 年 10 月，中共二十大通過的黨章修正案，將「按照『一個國家、兩種制度』的方針」，

1　國務院新聞辦公室：《台灣問題與新時代中國的國家統一事業》，北京：人民出版社，2022 年。

修改為「全面準確、堅定不移貫徹『一個國家、兩種制度』的方針」。這是中央進一步宣示要長期貫徹落實「一國兩制」，更加充分表明中國共產黨對「一國兩制」的堅強決心和堅定態度。

「一國兩制」實踐以來，香港發揮獨特優勢，以融入國際發展大局和國家發展大局來鞏固國際地位。回歸以來，香港繼續保持國際金融、航運和貿易中心的地位，被國際機構評選為最自由經濟體和最具競爭力地區之一。回歸以來，從一些可量化的數據指標以及一些國際機構的專業排名來看，香港整體發展趨勢是穩步向前。這既得益於回歸紅利和實行「一國兩制」制度，又獲得中央大量利好政策，特別是香港例外的「補貼」。同時，香港通過自身獨特性和比較環境下的比較優勢，提升競爭力和國際影響，進而再鞏固、提升自身獨特地位，形成良性循環。可量化的數據指標包括 GDP 總量、人均 GDP、貿易總量、對外投資和吸引外資的流量、增量和存量、上市企業數量、股市市值等。多個國際數據表明，香港的地位和影響力在回歸後得到鞏固和提升。世界銀行自 2003 年開始發佈《年度營商環境報告》以來，香港長期位居前列。2019 年 10 月，世界銀行發佈的《2020 營商環境報告》顯示，中國香港在全球 190 個經濟體中排第 3 位，僅次於新西蘭和新加坡（2021 年 9 月，世界銀行宣佈停止發佈《營商環境報告》）。據世界貿易組織（WTO）數據顯示，2020 年香港貨物貿易在全球排名第 6。瑞士諾桑國際管理發展學院（IMD）發表的《2021 年世界競爭力年報》中，香港在全球最具競爭力的經濟體中位列第 7 位。從 1990 年開始，IMD 每年依照經濟表現、政府效率、營商效率及基礎建設等四個範疇，對全世界主要國家

和地區的競爭力進行分析和排名。2022 年的最新排名顯示，香港從 2021 年全球第 7 位上升至第 5 位。

數十年來，香港一直被加拿大公共政策智庫菲沙研究所（Fraser Institute）發佈的《世界經濟自由度報告》評為全球最自由的經濟體。2023 年，中國香港以 0.01 分之差位列新加坡之後。根據世界經濟論壇《2019 年全球競爭力報告》，香港的競爭力居第 3 位。美國傳統基金會長期以來將中國香港視為世界最自由的經濟體，是最重要的外來直接投資目的地和對外投資來源地之一。聯合國貿易和發展會議（UNCTAD）發佈的《2021 年世界投資報告》顯示，中國香港於 2020 年吸引外來直接投資額高達 1192 億美元，位列第 3 位，僅次於美國和中國內地。2020 年香港對外直接投資額高達 1022 億美元，位列第 4 位。報告中指出：「香港憑藉有利的稅收制度，簡單的上市程序、資本自由進出的安排和良好的監管框架，仍將是亞洲重要的金融中心和內地投資的門戶。」《2023 年世界投資報告》顯示，中國香港於 2022 年吸納的直接外來投資達 1177 億美元，全球排第 4 位，排名僅次於美國（2851 億美元）、中國內地（1891 億美元）及新加坡（1412 億美元）。在對外直接投資流出方面，香港在全球排第 7 位，金額達 1036 億美元。

與此同時，香港為內地經濟長期平穩快速發展作出不可替代的貢獻，特別是在國家改革開放進程中持續作為投資興業的龍頭、示範市場經濟的成效、協助推進體制改革，並作為雙向開放的橋樑、先行先試的試點，提供城市管理的借鑑。截至 2022 年底，中國內地累計利用外資 2.81 萬億美元，其中港資 1.57 萬億

美元，佔累計利用外資的 55.9%。內地對港投資累計 1.6 萬億美元，佔對外投資總量 56%。港資對內地東部地區發展貢獻尤其突出，在廣東更是一枝獨秀。截至 2022 年底，香港累計在粵設立外商直接投資企業 21 萬家、佔全省 70%，實際吸收港資佔全省 66.4%。廣州市實際使用港資從 1997 年的 15.70 億美元增長到 2021 年的 72.58 億美元，佔比從 1997 年的 63.3% 增長到 2021 年的 87.8%。2021 年深圳實際使用港資 96 億美元，佔深圳實際使用外資的 95%。另外，香港也是內地企業重要的離岸集資中心。截至 2022 年底，在香港上市的內地企業有 1409 家，其中包括 H 股、紅籌股及民營企業，總市值約為 3.5 萬億美元，佔市場總值的 77%。自 1993 年，內地企業通過發行股票，已在香港集資超過 10482 億美元。

雖然香港 GDP 佔內地比重從最高峯的 20% 多下降到 2% 左右，但這並不表示香港衰落，而是內地在過去幾十年發展的速度太快。香港這樣一個小型經濟體，如果 GDP 佔一個特大型經濟體比重 20%，是不正常的。

回歸以來，「一國兩制」在香港的實踐也經歷着變形、走樣的風險和挑戰。長期以來，兩大制度難題一直困擾着香港社會：一個是《基本法》第二十三條遲遲未立，導致香港特區在維護國家安全方面存在重大漏洞；另一個是香港政制發展問題長期處於不確定狀態，導致香港社會爭拗不斷，撕裂加劇。從 2003 年

的「七月事態」[2]、2012 年的反國教運動[3]、2014 年的非法「佔中」[4]、2016 年的「港獨」宣誓事件[5]到 2019 年的「修例風波」，這些重大

2　2002 年至 2003 年，香港特區政府就《香港基本法》第二十三條的規定進行立法工作。在立法過程中，受到外部勢力、內部反對勢力抹黑，並煽動對立法存在偏見和誤解的民眾反對立法。2003 年 7 月 1 日，香港發生較大規模的反對二十三條立法的遊行示威。7 月 6 日，在香港立法會對該項法案表決前夕，時任自由黨主席的立法會議員田北俊為選舉利益和政黨利益，宣佈辭去行政會議成員一職，並要求押後立法。由於該黨在立法會有 8 名議員，沒有該黨支持，政府提出的法案在立法會不能獲得過半數支持而通過。7 月 7 日，香港特區政府被迫宣佈押後提交《國家安全（立法條文）條例草案》的二讀。9 月 5 日，時任行政長官董建華宣佈撤回草案。自 1997 年至 2020 年，香港社會一直沒能完成《基本法》規定為國家安全立法的要求。2020 年 6 月 30 日，由國家層面制定的《中華人民共和國香港特別行政區維護國家安全法》在香港實施。

3　香港政府在 2010 年提出增設國民教育及德育課程為中小學必修課，計劃在 2012 年 9 月先在小學試行國民教育課，2013 年起在中學試行。試行期間，學校將安排每週一至兩節課，三年後設為中小學必修課。2012 年 7 月 29 日，民間反對國民教育科大聯盟發起大遊行，反對政府計劃在學校設立愛國主義課程，要求特區政府撤回擬開設的國民教育課程。9 月 8 日，時任行政長官梁振英表示，鑑於社會的疑慮，政府決定交由辦學團體和學校自行決定是否於校內開展德育及國民教育科、是否獨立成科及自行決定推行的方式和時間。國民教育課程被擱置。

4　2013 年年初，「佔領中環」行動由香港大學法律系副教授戴耀廷開始推動，目的在於改變中央在香港政制發展過程中的決定權和主導權。根據行政長官提交的有關報告，2014 年 8 月 31 日，全國人大常委會通過《關於香港特別行政區行政長官普選問題和 2016 年立法會產生辦法的決定》，確定香港特別行政區行政長官普選制度的核心要素和制度框架。2014 年 9 月 28 日，香港內外反中亂港勢力策劃的非法「佔中」行動爆發，目的在於迫使全國人大常委會撤回關於香港政制發展的「8．31」決定，實行所謂的「真普選」。中央政府堅守原則不退讓，全力支持香港特區政府依法平息持續 79 天的「佔領中環」活動。2015 年 6 月，由於外部勢力的干預、反對勢力的反對和綑綁，以實現行政長官普選為主要內容的政制改革議案未能在立法會通過。

5　2016 年 10 月，多名第六屆立法會候任立法會議員在就職宣誓時宣揚「港獨」等違法言行。2016 年 11 月，全國人大常委會對《香港基本法》第一〇四條作出解釋，明確依法宣誓的含義和要求，支持有關機構和司法機關對議員作出檢控和判決，取消其議員資格，維護《基本法》的權威和香港法治。

第一章　導論　7

政治安全事件嚴重威脅國家主權、安全、發展利益和香港的繁榮穩定。特別是以逼迫全國人大常委會收回關於香港政制發展的「8‧31 決定」為主要訴求的非法「佔領中環」運動，和以反對特區政府修訂《逃犯條例》而引發的「修例風波」，對國家和香港的安全造成重大威脅。反中亂港勢力及其背後的外部勢力不僅要奪取香港管治權、搞亂香港，而且企圖搞亂內地，顛覆共產黨的領導和中國特色社會主義制度，阻撓中華民族偉大復興的進程。[6] 種種亂象表明，香港特別行政區政治體制的運作與制度設計初衷出現偏離，甚至損害「一國兩制」根本宗旨。特別是反中亂港勢力利用選舉制度漏洞進入特區治理架構，包括立法會、行政長官選舉委員會、區議會等，並利用這些平台散播「港獨」主張，抗拒中央管治，煽動對內地的不滿和仇視情緒，肆意阻撓特別行政區政府施政，致使香港社會付出沉重代價。

二

2022 年 7 月 1 日，中共中央總書記、國家主席、中央軍委主席習近平在香港指出要溫故知新，鑑往知來。「一國兩制」在香港的豐富實踐給我們留下很多寶貴經驗，也留下不少深刻啟示。25 年的實踐告訴我們，只有深刻理解和準確把握「一國兩

6　中央港澳工作領導小組辦公室，國務院港澳事務辦公室：〈完善香港選舉制度落實「愛國者治港」 確保「一國兩制」實踐行穩致遠〉，《求是》，2021 年第 8 期。

制」的實踐規律，才能確保「一國兩制」事業始終朝着正確的方向行穩致遠。[7] 全面準確地認識、理解、貫徹和實踐「一國兩制」，必須做到堅持「一個核心主線」：堅持黨集中統一的領導；堅持「兩個根本宗旨」：維護國家主權、安全、發展利益，維護港澳長期繁榮穩定；堅持「三個有機結合」：把堅持一國原則和尊重兩制差異、維護中央權力和保障特別行政區高度自治權、發揮內地的堅強後盾作用和提高香港自身競爭力有機結合起來，任何時候都不能偏廢；堅持「四個實踐規律」：必須全面準確貫徹「一國兩制」方針，必須堅持中央全面管治權和保障特別行政區高度自治權相統一，必須落實「愛國者治港」，必須保持香港的獨特地位和優勢。這「四個堅持」，是「一國兩制」在香港實踐以來，特別是十八大以來，「一國兩制」在理論與實踐上的重大發展，是中央與時俱進地治理香港的重大成就。特別是習近平主席在香港回歸25周年紀念大會上提出的「四個實踐規律」，與時俱進地發展「一國兩制」的理論，標誌着中央對「一國兩制」實踐規律的認識和把握都達到新高度，並豐富了黨治國理政的新經驗，為做好新時代港澳工作提供根本遵循和行動指南。[8]

第一，必須把全面準確貫徹「一國兩制」方針視作實踐規律。香港回歸後，20多年不平凡的歷程充分證明，實行「一國兩制」，

7　習近平：〈在慶祝香港回歸祖國25周年大會暨香港特別行政區第六屆政府就職典禮上的講話〉，《人民日報》，2022年7月2日，第2版。

8　國務院港澳辦黨組理論學習中心組：〈深學篤行習近平總書記關於港澳工作的重要論述 推進新時代新征程「一國兩制」實踐行穩致遠〉，《光明日報》，2023年6月5日。

有利於維護國家、香港和香港人的根本利益。中央長期堅持「一國兩制」，確保不會變、不動搖、不走樣、不變形的立場一以貫之。隨着不斷實踐和完善制度體系，「一國兩制」的優越性將進一步彰顯。

維護國家主權、安全、發展利益是「一國兩制」方針的最高原則。2014 年 6 月，針對社會中一些人對「一國兩制」方針政策和對《基本法》模糊、片面的認識和偏頗、歪曲的理解，國務院新聞辦公室發表《「一國兩制」在香港特別行政區的實踐》白皮書，系統地闡述中央對香港的基本方針，深入解析「一國兩制」的理論與實踐，突出中央對香港擁有全面管治權等重要觀點。[9] 在中國的政治語境和敘事方式中，白皮書作為官方文件，用作闡述重要問題、宣示官方政策，並代表政府的立場。發佈白皮書是中國政府在重大問題上向國內外宣示政策的重要方式，具有重要的功能性和階段性作用。《「一國兩制」在香港特別行政區的實踐》白皮書是對港政策的重要宣示。2014 年 9 月，香港一部分人發動非法「佔領中環」運動，試圖迫使中央在行政長官普選政策上作出讓步和妥協。面對香港複雜的局勢，中央政府貫徹落實「一國兩制」方針不動搖，堅守原則底線不退讓，統籌協調有關各方，全力支持特區政府依法平息「佔中」事件，維護香港的大局穩定和「一國兩制」的實踐。2019 年 6 月，香港爆發「修例風波」，香港反對勢力和激進勢力在外部勢力的煽動、支持下，以

9　國務院新聞辦公室：《「一國兩制」在香港特別行政區的實踐》，北京：人民出版社，2014 年。

反對修訂向內地和台灣、澳門移交逃犯的法律為幌子，進行各種激進抗議活動，造成大規模的街頭暴力和長期社會動盪，使香港陷入回歸以來最為嚴峻的局面，「一國兩制」在香港的實踐遭遇前所未有的挑戰。「修例風波」充分暴露出香港在維護國家安全方面存在的制度漏洞。面對嚴峻的局面和挑戰，習近平主席和黨中央以極大的戰略耐心、定力和信心沉着應對，經過深思熟慮、科學評估、反覆論證，慎重地作出重大決定，扭轉香港局面，維護國家主權、安全、發展利益，維護「一國兩制」的準確實踐。一方面，中央堅定支持特區政府依法止暴制亂、恢復秩序，支持警方嚴正執法，支持司法機構依法懲治暴力犯罪分子，防範和遏制外部勢力干涉香港事務。另一方面，中央從制度層面依照《憲法》和《基本法》對特別行政區行使全面管治權，完善特別行政區相關制度機制，特別是建立健全維護國家安全的法律制度和執行機制、制定及實施《香港國家安全法》、完善選舉制度，落實「愛國者治港」原則、改革區議會制度，完善地區治理等，推動香港由亂到治，全面準確貫徹「一國兩制」。

第二，必須把堅持中央的全面管治權和保障特別行政區的高度自治權相統一的要求，視為「一國兩制」的實踐規律。中央政府對特別行政區擁有全面管治權是特別行政區擁有高度自治權的根基，中央充分尊重和堅定維護特別行政區依法享有的高度自治權。落實中央全面管治權和保障特別行政區高度自治權是統一銜接，中央對香港特別行政區的全面管治權在很大程度上是通過香港自身依法行使高度自治權來實現。兩權（全面管治權和高度自治權）的有機結合是「一國兩制」實踐的應有之義。2014 年，

《「一國兩制」在香港特別行政區的實踐》白皮書首次提出的「全面管治權」，在白皮書的英文版中翻譯為 Overall jurisdiction。Jurisdiction 是國際法上的概念，是指一個主權國家對其領土範圍的一切擁有管轄權。[10] 不少香港人擔心白皮書中提出中央對香港擁有全面管治權會削弱香港的高度自治，但它只是把《憲法》和《基本法》賦予中央的權力加以概念化、理論化和學理化。全面管治不等於全過程管治，中央對香港的管治權無論多麼全面、廣泛，仍要受到法律，特別是《憲法》和《基本法》的約束。2020年 6 月開始實施的《香港國家安全法》，其中關於中央和特區在維護國家安全上的雙重責任規定和兩種執行機制的設計，體現的正是全面管治權和高度自治權的有機結合，中央依法行使權力和特區履行主體責任的協調和統一。

國家對香港恢復行使主權，就是恢復行使對香港的全面管治權。由中央賦予的高度自治權，在任何時候、任何情況下都不能挑戰中央的全面管治權。所以，落實全面管治權的一個重要方面就是要加強對高度自治權的指導、監督和考核。這並不意味着要代替、干預香港行使高度自治權，而是更好地提高高度自治權的效能，以更好地實現「一國兩制」、港人治港、高度自治，更好地落實中央的全面管治權。有效行使高度自治權也更能反映全面管治的授權。

10　強世功：〈香港白皮書——被誤讀的「全面管治權」〉，BBC 中文網：http://www.bbc.com/zhongwen/trad/china/2014/06/140613_qiangshigong_hk_white_paper，上網時間：2021 年 1 月 30 日。

《基本法》第二條規定「全國人民代表大會授權香港特別行政區依照本法的規定實行高度自治，享有行政管理權、立法權、獨立的司法權和終審權」。全國人民代表大會是國家最高權力機關和立法機關，香港高度自治的權力既然來自全國人民代表大會，中央擁有全面管治權就是理所當然。全面管治權與高度自治權相互結合、並行不悖，兩者依法共生，共同維護國家主權、安全、發展利益和香港的繁榮穩定。近年來，中央採取一系列標本兼治的舉措，推動香港由亂到治，中央全面管治權得到初步的有效、有序落實。但由於長期以來受到內外因素的影響，特別是面對世界百年未有之大變局，全面管治權的落實仍面臨一些挑戰，比如，外部勢力干預香港事務的空間，雖然在實施《香港國安法》和選舉制度改革後被大幅壓縮，但外部勢力不會放棄藉助香港議題施壓內地，仍會變換花樣介入和滲透，威脅國家安全和香港發展，以實現以港遏中的企圖。再比如與實施《憲法》、《香港基本法》和《香港國安法》的相關制度和機制仍有待完善。全面管治權不是一個階段性的概念和政策，落實全面管治權也不是一個階段性的任務和目的。中央授權的高度自治權不是無限權力，而是在全面管治下的有限度權力。

第三，必須把落實「愛國者治港」原則視作為「一國兩制」的實踐規律。「一國兩制」方針從形成之初，就包含了「愛國者治港」這一重要思想內涵。要實行港人治港，就必須堅持「愛國者治港」。落實「愛國者治港」原則，有利「一國兩制」的實踐行穩致遠。2021年1月27日，習近平主席在聽取時任行政長官林鄭月娥的述職報告時指出，香港由亂及治的重大轉折，再次昭示了

一個深刻道理，那就是要確保「一國兩制」實踐行穩致遠，必須始終堅持「愛國者治港」。把香港特別行政區管治權牢牢掌握在愛國者手中，是保證香港長治久安的必然要求。[11] 2021 年 3 月，為切實落實「愛國者治港」原則，中央政府採取「決定 + 修法」的方式完善香港選舉制度。2022 年 5 月 30 日，國家主席習近平會見新當選並獲中央政府任命的第六任行政長官李家超。習近平指出，實踐證明新選舉制度對於落實「愛國者治港」原則、保障香港市民行使當家作主的權利、推動形成社會各階層和各界別齊心協力建設香港，都發揮了決定性作用。這是一套符合「一國兩制」方針、符合香港實際和發展需要的政治與民主制度，必須倍加珍惜，長期堅持。[12] 香港在完善選舉制度後先後成功舉行三場重要選舉，包括： 2021 年 9 月選舉委員會選舉、2021 年 12 月立法會選舉、 2022 年 5 月行政長官選舉。這些選舉實踐了新制度，體現了新選制的廣泛代表性、政治包容性、均衡參與性和公平競爭性。[13] 它們表現出新選舉制度下香港民主發展的形式，體現出許多積極、正面的選舉文化、特徵和形式。這三場選舉與此前選舉制度的政治鬥爭、攻擊、抹黑等形成鮮明對比。這是香港民主制度發展中重要的里程碑和分水嶺，為未來香港的選舉和民

---

11 〈習近平聽取林鄭月娥述職報告〉，《人民日報》，2021 年 1 月 28 日，https://www.hmo.gov.cn/xwzx/zwyw/202101/t20210127_22354.html。

12 〈習近平會見李家超〉，https://www.hmo.gov.cn/xwzx/zwyw/202205/t20220530_23351.html

13 國務院新聞辦公室：《「一國兩制」下香港的民主發展》，北京：人民出版社，2021 年。

主制度提供重要的示範和實踐。落實「愛國者治港」原則，重新構建選舉委員會，香港政治生態得到根本改變，呈現出嶄新的政治氣象。在新選舉制度下，行政長官人選和較大比例的立法會議員都由選舉委員會經選舉產生，使得行政長官和立法會有共同的選民基礎，在立法會形成支持政府的穩定力量。這種安排有效破解立法機關與行政機關長期對立，立法會內長期對抗的困局，使政府和社會各界能夠集中精力發展經濟，改善民生，增強香港的競爭優勢。「愛國者治港」原則是香港民主發展的基礎和保障。香港的民主發展應是探索具有香港特色的道路。優質的、符合人民利益的民主才是好東西。民主應當是人民當家作主，以及權力為民作主。世界各地有很多不同類型的民主制度，也有不同的表現形式。不同的制度和表現形式都要與當地的憲制地位和實際情況相符合，才能發展出好的民主。香港作為地方行政區域，其民主發展的歷史經驗和教訓表明，符合憲制地位和實際情況，具有香港特色的民主才是可持續的發展道路。

第四，必須把保持香港獨特地位和優勢作為「一國兩制」的實踐規律。中央處理香港事務，從來都是從戰略和全局高度加以考量，以國家和香港的根本利益、長遠利益為出發點。新中國成立後，就確定了「暫時維持現狀」和「長期打算，充分利用」的政策。其基本考慮就是利用香港、澳門原有的地位，發展海外關係和對外貿易，以利於新中國的經濟恢復與工業化建設。[14] 改革開

14　中共中央黨史研究室：《中國共產黨歷史第二卷 1949-1978》（上冊），北京：中共黨史出版社，2011 年，第 37 頁。

放初期，國家發展的重大突破是創辦經濟特區。在深圳創辦經濟特區的重要考量之一，就是藉助香港的獨特地位。1979年4月召開的中央工作會議，中央贊同廣東省委提出在鄰近香港、澳門的深圳、珠海以及汕頭興辦出口加工區。1979年3月，鄧小平就明確表示：「香港主權屬於中華人民共和國，但香港又有它的特殊地位」。[15] 香港回歸以來，中央政府完全支持香港長期保持其獨特地位和優勢。香港有哪些獨特性呢？例如高效、公平、自由開放的營商環境，普通法制度，聯繫匯率制度，多元的文化，便捷的國際聯繫，進入內地的通道等。但最大的獨特性在於實行「一國兩制」制度。香港的國際地位和國際化程度是在歷史發展進程中形成的。香港的國際化既體現在器物、制度的層面上，也體現在思維、理念上。多元社會支持香港的國際化地位。長期以來，香港以其獨特地位在世界體系內作出貢獻，為國家發展，及為中國快速成長為世界第二大經濟體發揮了不可替代的作用。在百年未有之大變局和中華民族偉大復興的戰略全局下，特別是中國與美西方地緣政治衝突、價值觀分歧越加惡化的結構性矛盾下，中國香港雖然受到打壓，長期形成的獨特性受到衝擊和影響，但這種經過歷史和實踐塑造的獨特性不會在美國的打壓下消失。比如，香港憑藉與內地以至全球各地的緊密連繫、自身雄厚的科研實力、在世界級大學集結的科研人才，正在迅速發展為創新及科技中心。根據世界知識產權組織公佈的《2022年全球創新

15　中共中央文獻研究室編：《鄧小平年譜（1975 —— 1997）》（上），北京：中央文獻出版社，2004年，第500頁。

指數》，香港於全球排名第 14 位。

　　中央政府從國家發展總體戰略支持香港發揮獨特優勢，以對接國家，融入國家發展大局，並促進香港與內地優勢互補，合作共贏，共同發展。2015 年中央發佈的《推動共建絲綢之路經濟帶和 21 世紀海上絲綢之路的願景與行動》提出，要發揮香港、澳門特別行政區獨特優勢作用，積極參與和助力「一帶一路」建設。2016 年 3 月，國家「十三五」規劃綱要明確提出，提升港澳在國家經濟發展和對外開放中的地位和功能，支持港澳參與國家雙向開放、「一帶一路」建設，推動《內地與港澳關於建立更緊密經貿關係安排》（CEPA）的升級，深化內地與香港金融合作。中央政府於 2019 年 2 月 18 日公佈《粵港澳大灣區發展規劃綱要》，支持香港融入國家發展大局。香港與廣州、深圳和澳門將成為大灣區發展的核心引擎。《規劃綱要》支持香港鞏固和提升國際金融、航運、貿易中心、國際航空樞紐和全球離岸人民幣業務樞紐的地位，並強化作為國際資產管理中心及風險管理中心的功能。2021 年公佈的國家「十四五」規劃綱要支持香港、澳門鞏固和發展獨特地位。未來香港仍需要進一步提升優勢，為自身的發展和融入國家發展大局提供軟實力和硬實力基礎。

　　2022 年 7 月 1 日，習近平主席在慶祝香港回歸祖國 25 周年大會暨香港特別行政區第六屆政府就職典禮上發表的講話中，表示中央政府完全支持香港長期保持獨特地位和優勢，鞏固國際金融、航運、貿易中心地位，維護自由開放規範的營商環境，保持普通法制度，拓展暢通便捷的國際聯繫。在全面建設社會主義現代化國家、實現中華民族偉大復興的歷史進程中，香港必將作出

重大貢獻。香港的獨特地位也受到國際社會和機構認可。2023
年5月31日，國際貨幣基金組織執行董事會發佈關於香港經濟
及金融狀況的評估報告。報告認為香港有穩健的制度框架、充裕
的資本和流動性緩衝，對金融業規管水平甚高，聯繫匯率制度亦
暢順運作，並肯定香港作為主要國際金融中心的地位。隨着香港
經濟活動復常，經濟將會展現強勁復蘇。報告並指出特區政府正
積極鞏固國際金融中心的地位，增強經濟發展動能和競爭力。[16]

三

「一國兩制」是中國向世界貢獻的智慧，是偉大的人類發展
文明成就。「一國兩制」是中國敘事、中國故事的重要載體。「一
國兩制」既是中國，也是世界的文明成就。中國政府以與時俱進
的理論智慧和實踐創新，推動「一國兩制」為世界的和平、安全、
發展作出重大貢獻。「一國兩制」作為一項獨特的制度，並不是
十全十美。在實踐中出現新問題、新挑戰是正常，也是常態。在
實踐中不斷完善「一國兩制」的制度體系，使其更具生命力，更
具吸引力，才是維護「一國兩制」實踐的核心所在。如何在「一
國兩制」下治理好實行資本主義制度的香港，是共產黨治國理政

---

16 IMF Executive Board Concludes 2023 Artice IV Consultation Discussions
    with the People's Republic of China—Hong Kong Special Administrative
    Region, https://www.imf.org/en/News/Articles/2023/05/31/pr23186-imf-
    executive-board-concludes-2023-article-iv-consultation-discussions-with-
    hong-kong-sar

長期面臨的一項重大課題。[17] 西方將在香港實施「一地兩檢」、建設港珠澳大橋和粵港澳大灣區等推動香港融入國家發展大局的政策和工程，視作對香港高度自治的侵犯和蠶食，甚至將這些政策看作是要將香港同質化。這種偏頗、歪曲的認識，一是西方對「一國兩制」、對中央治理香港政策的誤讀，二是以西方的邏輯來曲解「一國兩制」的實踐和中央完善「一國兩制」制度的行為。這些誤解和曲解凸顯西方某些勢力，特別是反華勢力對「一國兩制」制度的攻擊和圍堵，背後指向的是中國這一意識形態鬥爭的最終目標。「一國兩制」並不是將內地和香港割裂、徹底區隔，而是在發揮各自優勢的前提下實現對接和融合。

西方一些輿論認為，中央政府要把香港變成另一個內地城市。香港變成另一個內地城市是不符合國家利益的，國家也沒有意願讓香港變成內地城市。新中國成立後，中央政府沒有解放香港。從實行「長期打算、充分利用」政策到提出「一國兩制」，從「一國兩制」的實踐到《香港國安法》的制定及實施，中央政府對香港的政策是一致的、持續的。目的在於保持香港的獨特地位，而不是將香港變成另一個內地城市。中央政府採取的一系列政策，正是為了維護香港作為國際金融、貿易、航運等商業中心的角色和地位，消除衝擊國際金融中心地位的各種因素，包括外部勢力干預、介入以及破壞。2019 年「修例風波」以及 2020 年以來疫情的衝擊，特別是 2022 年疫情惡化、擴散，香港在國際和

17　張曉明：〈堅持和完善「一國兩制」制度體系〉，《人民日報》，2019 年 12 月 11 日。

內地的形象和聲譽受到嚴重衝擊，對香港產生較大的負面影響。香港作為國際化城市，其發展依賴國際和內地，形象和聲譽的價值既是有形也是無形。另外，國際上關於香港前途的悲觀論、「唱衰論」又再回潮。隨着百年未有之大變局的加速演進，特別是中美戰略博弈加劇，西方利用香港特區遏制中國發展的圖謀不會改變。健全防範遏制外部勢力干預香港事務，維護國家主權、安全和發展利益是一項長期的任務。

近年來，香港的政治生態發生了歷史性、轉折性、全局性的轉變，為了順應「一國兩制」實踐的需要和維護國家主權、安全、發展利益的需要，實施《香港國安法》和落實「愛國者治港」原則都發揮了極為重要的作用。《香港國家安全法》的制定和實施，以及選舉制度的改革和完善，在很大程度上遏制了外部勢力對香港事務的介入和干預，但外部勢力不會放棄藉助介入中國香港事務以遏制中國。2020 年 5 月 28 日，全國人大通過的《全國人民代表大會關於建立健全香港特別行政區維護國家安全的法律制度和執行機制的決定》第二條指出，國家堅決反對外國和境外勢力以任何方式干預香港特別行政區事務，並採取必要措施予以反制，依法防範、制止和懲治外國和境外勢力利用香港進行分裂、顛覆、滲透、破壞活動。所以，未來香港在「一國兩制」實踐過程中仍會面臨各種各樣的外部勢力介入。香港要有危機意識，備豫不虞，練好「內功」，以應對挑戰。

「一國兩制」在香港特別行政區的實踐，要在維護國家主權、安全和發展利益與維護香港繁榮穩定之間取得平衡。確保中央權威與落實「一國兩制」取得良好平衡是治理香港的關鍵。隨着「一

國兩制」在香港實踐進入五十年不變的下半場，面對香港在發展過程中可能出現的新情況、新問題、新挑戰，解決、緩解和應對這些新問題，在新的國際、國內形勢和香港的局勢下繼續保持繁榮穩定，需要新思維、新理念、新辦法。由於國際形勢仍複雜多變，香港局勢也存在諸多變數，國家發展亦正處於兩個百年目標的歷史交匯期，因此中央對港政策和工作在新時代應有新思維，要抓住幾個重要的着力點，積極應對挑戰和風險，推動中央政策在香港「落地」和「生根」。不但維護「一國兩制」在香港的不變形、不走樣，更要主動遏制、管控和止損。

四

國際上有觀點認為，隨着中央政府在香港實施《國家安全法》和落實「愛國者治港」原則，「一國兩制」政策已經不復存在，香港已經完全內地化。這種認知是對「一國兩制」政策的錯誤認識。香港進入由治及興的階段，正是以高質量發展與融入式發展相結合，來實現「一國兩制」的高質量實踐。

第一，香港通過破解發展中面臨的深層次矛盾和問題來實現高質量發展。面對香港因「修例風波」引發的社會動盪，中央政府通過制定及實施《香港國家安全法》、完善選舉制度、落實「愛國者治港」原則來維護國家和香港的安全和穩定。有了政治和安全制度上的保障，中央要求香港特區政府改變治理理念，把握好政府和市場的關係，將有為政府和高效市場有機結合起來。中央政府大力支持香港發展經濟，改善民生。在各種重要政策文

件以及各種重要場合中不斷宣示中央的政策，通過五年規劃、國家重大發展戰略以及各種惠港政策予以支持。在由治及興的關鍵階段，香港政治生態得到根本改變，有助提高治理效能和實現發展，融入國家發展大局。中央給予戰略性支持，令香港發展有較好的經濟條件，長期形成的獨特地位和顯著優勢仍有堅實的基礎。香港雖然面臨國際環境複雜和充滿挑戰的不確定性，但香港仍以自身優勢與國際互聯互通。

第二，香港通過鞏固和提升自身獨特地位和優勢來實現高質量發展。中央政府完全支持香港保持獨特地位和優勢，鞏固國際金融、航運、貿易中心地位，維護自由開放的營商環境，保持普通法制度，拓展暢通便捷的國際聯繫。全球百大銀行中，約有75% 在香港開設業務；全球百大資產管理公司中，70% 均有在香港設立分支；法律服務、會計服務方面匯聚全球頂級機構與從業者，全球百大律師行中過半數均有在香港經營。回歸以來，香港被多家國際機構評選為全球最自由的經濟體和最具競爭力的地區之一，這正是國際社會對香港的獨特優勢和發展前景的認定。包括花旗銀行、摩根大通、摩根史丹利在內的金融機構不斷擴大在香港的業務，正是最好的證明。另外，中央還大力支持香港建設成為國際創新科技中心、亞太區國際法律及解決爭議服務中心、區域知識產權貿易中心，並支持香港服務業向高端、高增值發展。

第三，香港通過更好地全球化來實現高質量發展。香港作為國際化程度非常高的小型經濟體，其發展路徑在於更好地全球化。中共二十大指出，中央政府大力支持香港與世界進行更加開

放、更加密切的交往和合作。中央政府授權香港與多國簽署避免雙重徵稅、促進和保護投資、刑事司法協助等協定，並支持香港與其他國家簽署自貿協定。2022 年 1 月，美國商會發佈的商業前景調查顯示，在港美資企業認為中國香港的競爭力主要來自資本自由流動、國際連接、稅收、法律法規體系、進出中國內地的機會等。華爾街和主要的國際商業資本，都從香港的金融市場中獲得了巨大利益。中美博弈、中西方意識形態衝突導致香港與美西方良性互動的基礎條件發生變化。中國崛起、美國打壓中國已經令美西方對中國香港的認知和定位產生變化。中國香港的作用從進入中國的前沿，轉向遏制中國的工具和籌碼。以去功能化、去獨特性、去兩制化來打擊香港的國際地位，削弱香港服務國家的作用和角色。無論是脫鈎還是去風險，都不會改變中美博弈的基調。美國已經把中國香港和內地劃在同一個標準，香港作為國際金融中心的基礎條件正發生變化。但這並不意味香港就要採取去外國化政策，融入國家發展大局也不應理解為內地化。即便面臨逆全球化、反全球化的衝擊和挑戰，香港還是要實施更加開放的政策。香港要在維護國家安全和利益的前提下，更加深入地融入全球化，保持與美西方的互動，維護自身獨特性和國際金融中心地位，為自身發展和國家發展提供支撐。香港是國際金融、貿易、航運中心，保持香港繁榮穩定，不僅符合國家的利益，也符合各國投資者的利益。

　　第四，香港通過深度融入國家發展大局來實現高質量發展。香港作為實施「一國兩制」的特殊管轄區域，其發展空間在於融入國家發展大局。這並不是內地化，而是把握以中國為中心的全

球化大勢。不是要完全依賴、依靠國家，而是在於以實現高質量發展來融入國家發展大局。國家強大的實力和不斷推進的各種重大發展戰略，是香港發展的最大依託。國家超大體量的經濟規模、超大規模的市場空間、超大空間的發展前景，為香港發展提供可持續的戰略發展空間和機遇。

第二章

「一國兩制」
與中國現代國家歷史進程

鄧小平為實現國家統一提出的「一國兩制」偉大構想，順利解決了歷史遺留的香港、澳門問題。自 1979 年以來，中央始終堅持希望以「一國兩制」解決台灣問題。1997 年 7 月 1 日起，重新納入國家治理體系的香港開始實踐這一史無前例的制度。《香港基本法》科學地解決了國家主體實行社會主義與個別地區實行資本主義的差異、中央擁有全面管治權與授權特區高度自治等問題。「一國兩制」方針的具體化、法律化、制度化，確定了國家對香港的基本方針政策和特別行政區制度。可以說，「一國兩制」是具有中國特色的政治實踐和管治方式，是通過制度安排和法律規定在國家主權內對部分區域的一種創新性治理。「一國兩制」在香港實踐 20 多年取得舉世公認的成功，證明「一國兩制」是解決歷史遺留問題的最佳方案，是讓香港保持長期繁榮穩定的最佳制度。

　　「一國兩制」這一偉大制度構想能首先在香港實踐，既有歷史的偶然，也有現實的必然。無論是確定「暫時維持現狀」，「長

期打算、充分利用」的毛澤東 [1]；設計「一國兩制」，恢復行使主權的鄧小平；確保香港平穩過渡，順利回歸的江澤民 [2]；豐富「一國兩制」的實踐，應對治國治港重大課題的胡錦濤；還是依法治港、推進「一國兩制」成為中華民族偉大復興重要組成部分的習近平，他們都為解決香港問題、推動「一國兩制」在香港實踐取得成功作出了歷史和現實的重大貢獻。可以說，「一國兩制」與

1　Lau Siu-kai, "The Hong Kong Policy of the People's Republic of China, 1949-1997", *Journal of Contemporary China*, Vol.9, No.23, 2000. 齊鵬飛：〈「長期打算 充分利用」── 1949 年至 1978 年新中國對於香港問題和香港的特殊政策〉，《中共黨史研究》，1997 年第 2 期，第 23-30 頁。王紅續：〈從「長期打算，充分利用」到「一個國家，兩種制度」── 中國共產黨對香港政策的演變及其內在聯繫〉，《黨的文獻》，1997 年第 4 期。關於毛澤東對解決港澳問題的初步思考可參考師哲回憶，李海文整理：《在歷史巨人身邊：師哲回憶錄》，北京：中央文獻出版社，1991 年，第 380 頁。1949 年 1 月底 2 月初，在國共內戰期間，形勢明顯有利於中國共產黨時，蘇聯領導人斯大林派米高揚到當時中共中央所在地西柏坡與毛澤東會晤。師哲回憶毛澤東當時談到港澳問題時說：「目前，還有一半的領土尚未解放。大陸上的事情比較好辦，把軍隊開過去就行了。海島上的事情比較複雜，需要採取另一種較靈活的方式去解決，或者採用和平過渡的方式，這就要花較多的時間了。在這種情況下，急於解決香港、澳門的問題，也就沒有多大意義了。相反，恐怕利用這兩地原來地位，特別是香港，對我們發展海外關係、進出口貿易更為有利些。總之，要看形勢的發展再做最後決定。」毛澤東的想法實際上已經是對香港採取「暫時維持現狀」的方針，也就是此後中央確定對香港「長期打算、充分利用」戰略的源頭。此時，毛澤東推遲恢復行使香港、澳門主權決定，以及 1950 年 1 月英國承認新中國後毛澤東拒絕斯大林要求其恢復行使中國香港主權的行為也受到國際社會的關注。

2　2012 年 7 月 1 日，胡錦濤在慶祝香港回歸 15 周年大會暨香港特別行政區第四屆政府就職典禮上的講話中曾指出，鄧小平創造性地提出「一國兩制」偉大構想，親自領導制定了中央對香港的一系列基本方針政策，直接指導了香港問題談判和《香港基本法》起草工作，為香港回歸、實現和平統一大業作出了奠基性的貢獻。以江澤民為核心的共產黨第三代中央領導集體，妥善應對香港回歸前後出現的各種複雜矛盾和挑戰，確保了香港順利交接和平穩過渡，為全面貫徹落實「一國兩制」方針做了大量開創性的工作。

現代國家的歷史進程緊密相連。總體而言，按照現代國家歷史進程劃分，可以分為國家統一中的「一國兩制」（1949 — 1997）、國家治理中的「一國兩制」（1997 — 2017）和民族復興中的「一國兩制」（2017 — 2049）。「一國兩制」源於國家統一，成於國家治理，盛於民族復興。「一國兩制」既是實現國家統一的重大理論和實踐，也是推進國家治理的重大理論和實踐，更是實現中國式現代化與民族復興的重大理論和實踐。但由於國家完全統一仍未實現，國家治理仍在推進，而民族復興更是國家未來發展目標，所以「一國兩制」與國家統一、國家治理、民族復興相互交叉，三者相互融合。

第一節　「一國兩制」與國家統一

中國歷朝歷代都為實現國家統一孜孜以求，統治者為此殫精竭慮。戰爭、和親、談判、協商、讓渡權力等都曾被視作達至國家統一的途徑。這些途徑在某個時期、某個階段、某個問題上曾發揮過重要作用，當然也有其局限性。從國際上看，統一是許多國家面臨的重大難題。新中國建政後，中央政府為實現完全統一，也曾設想和實踐過一些統一的方式。[3]「一國兩制」首先是中

3　童立群：《中國共產黨國家統一理論研究》，北京：九州出版社，2015 年。

央政府和共產黨為了解決台灣問題而提出，後來因緣際會，用於解決香港和澳門問題，其中的關係也是一脈相承。[4] 直到今天，「一國兩制」與台港澳問題之間的交錯互動仍在持續。[5]

第一，鄧小平創造性地提出以「一國兩制」來解決國家統一問題。1979 年元旦全國人大常委會發佈的《告台灣同胞書》和 1981 年 9 月 30 日時任全國人大常委會委員長葉劍英闡述的台灣回歸，實現和平統一的方針政策（即葉九條）是「一國兩制」提出之前關於國家統一的初步醞釀和嘗試，為以「一國兩制」構想解決國家統一問題做了鋪墊。1982 年 9 月，時任英國首相戴卓爾夫人訪華。鄧小平就中國香港的主權問題、1997 年後以及過渡期間的安排向戴卓爾夫人闡明了中方的立場。鄧小平提出以「一國兩制」方式解決香港問題的時候，英國人是質疑的，並去翻閱史書，看看是否能找到「一國兩制」這種模式成功運作的先例。[6] 結果當然是沒有先例。

1983 年 3 月底，經過一年的調查研究，國務院港澳辦向中共中央遞交了《關於解決香港問題的修改方案》，這份報告的主

4　關注中央解決台港澳問題的海內外人士觀察到了其中的關聯。鍾士元：《香港回歸歷程：鍾士元回憶錄》，香港：香港中文大學出版社，2001 年，第 26 頁。

5　截至 2022 年年底，國務院新聞辦公室在台港澳問題上共發表過五個白皮書，即 1993 年發表的《台灣問題與中國的統一》、2000 年發表的《一個中國的原則與台灣問題》、2014 年發表的《「一國兩制」在香港特別行政區的實踐》、2021 年發表的《「一國兩制」下香港的民主發展》和 2022 年發表的《台灣問題與新時代中國統一事業》。

6　彭定康著，蔡維先、杜默譯：《東方與西方：彭定康治港經驗》，台北：時報文化，1998 年，第 46 頁。

要內容就是解決香港問題的基本方針以及和英方談判的方案，後來被稱為「十二條」。這份報告參考了 1981 年 9 月制定的對台方針政策「葉九條」，但仍沒有明確提出「一國兩制」。[7] 1984 年 2 月，鄧小平在會見美國喬治敦大學代表團時，第一次完整地表述了「一國兩制」的概念。[8] 1984 年 5 月，第六屆全國人大二次會議通過的《政府工作報告》正式使用「一個國家，兩種制度」，使之成為共產黨和中央政府解決台灣問題、實現祖國和平統一方針的概括性語言，並上升為國家的基本國策。1984 年 6 月鄧小平在會見香港人士時，發表了《一個國家，兩種制度》的談話，再次闡述內地實行社會主義制度，香港、台灣實行資本主義制度的「一個國家，兩種制度」。[9]

20 世紀 80 年代，中國政府與英國政府通過外交談判成功解

7　魯平口述、錢亦蕉整理：《魯平口述香港回歸》，上海：中國福利會出版社，2009 年，第 19-20 頁。

8　1984 年 2 月 22 日，鄧小平接見由時任美國國家安全事務助理布熱津斯基率領的喬治城大學戰略與國際問題研究中心的代表團時，第一次公開闡述了「一國兩制」的概念和構想。1984 年 2 月鄧小平會見布熱津斯基時，周文重是當時的現場翻譯。周文重在文集中回憶說，鄧小平向布熱津斯基談到中國統一問題時說：「世界上有許多爭端，總要找個解決問題的出路。我們提出的大陸與台灣統一的方式是合情合理的。統一後，台灣仍搞它的資本主義，大陸搞社會主義，但是一個統一的中國。即一個中國，兩種制度。」對「一個中國，兩種制度」這種當時全新的提法，周文重脫口而出將其譯為 "One China, Two Systems"，後來這一譯法被正式採用。當然，後來「一國兩制」的英文被翻譯為 "One Country, Two Systems" 也是由周文重最初對「一個中國，兩種制度」的翻譯演化而來。周文重：《鬥而不破》，北京：中信出版社，2016 年。

9　魯平口述、錢亦蕉整理：《魯平口述香港回歸》，上海：中國福利會出版社，2009 年，第 26-27 頁。

決中國香港問題，並決定交接後在中國香港實行「一國兩制」。[10]
1987 年 10 月，中共十三大明確表示按照「一國兩制」的原則，中英、中葡已就解決中國香港和中國澳門問題達成協議。中央要按照這個原則努力爭取和平地解決台灣問題。歷史將證明，按「一國兩制」實現國家統一的構想和實踐，是中華民族的政治智慧和偉大創造。「一國兩制」將國家統一、維護國家主權的原則和實事求是的態度有機地結合起來，與和平統一構成解決台灣問題「和平統一、一國兩制」的基本方針。[11] 1997 年香港回歸，「一國兩制」首先在香港實踐，這是歷史上第一次在一個國家內部實行兩種截然不同的制度，沒有經驗可以借鑑，是歷史性的嘗試。其後，中國和葡萄牙也以「一國兩制」解決中國澳門問題，使中國在 1999 年對中國澳門恢復行使主權。香港、澳門問題的解決是國家實現完全統一的重要一步。「一國兩制」作為重大制度創新，為實現國家統一做出了重大貢獻。

10　關於中英就香港問題的談判、過渡期中英兩國就中國香港問題的博弈以及中國香港的角色等可對照參考中國內地、英國和中國香港親歷者、參與者的回憶錄。如許家屯：《許家屯香港回憶錄》，香港：香港聯合報有限公司，1994年；錢其琛：《外交十記》，北京：世界知識出版社；李後：《百年屈辱史的終結 —— 香港問題始末》，北京：中央文獻出版社，1997 年；黃文放：《中國對香港恢復行使主權的決策歷程與執行》，香港浸會大學林思奇東西學術交流研究所，明報出版社有限公司，1997 年；鍾逸傑：《石點頭 —— 鍾逸傑回憶錄》，香港：香港大學出版社，2004 年。Margaret Thatcher, *The Downing Street Years*, HarperCollins Publishers, 1993; Geoffrey Howe, *Conflict of Loyalty*, London: Pan Books, 1995; Percy Cradock, *Experiences of China*, John Murray Publisher Ltd., 1999.

11　《中國共產黨與祖國統一》編寫組：《中國共產黨與祖國統一》，北京：人民出版社，2022 年，第 121-137 頁。

第二，江澤民主政時期進一步發展「和平統一、一國兩制」的思想，豐富了國家統一與「一國兩制」的關係。最為突出的就是提出「八項主張」（俗稱「江八點」）。1995年1月30日，中共中央總書記、國家主席江澤民發表《為促進祖國統一大業的完成而繼續奮鬥》的重要講話。江澤民在講話中進一步闡述了鄧小平關於「和平統一、一國兩制」的思想精髓，重申堅持一個中國的原則，並就現階段發展兩岸關係、推進中國和平統一進程的若干問題，提出了八項主張，包括：一、堅持一個中國的原則，是實現和平統一的基礎和前提。二、對台灣與外國發展民間性經濟文化關係，不持異議。但是，反對台灣地區以搞「兩個中國」、「一中一台」為目的，擴大其在國際生存的空間。三、海峽兩岸和平統一談判是一貫主張。在一個中國的前提下，甚麼問題都可以談。談判過程中，可以讓兩岸各黨派、團體具代表性的人士參加。四、努力實現和平統一，中國人不打中國人。五、面向21世紀的經濟發展，要大力發展兩岸經濟交流與合作，以利於兩岸經濟共同繁榮，造福整個中華民族。六、中華各族兒女共同創造的五千年燦爛文化，始終是維繫全體中國人的精神紐帶，也是實現和平統一的一個重要基礎。七、要充分尊重台灣同胞的生活方式和當家作主的願望。八、我們歡迎台灣當局的領導人以適當身份前來訪問；我們也願意接受台灣方面的邀請，前往台灣。「江八點」推動了中國統一進程，在海峽兩岸和國際上都引起了很大反響。2002年11月，江澤民在中共十六大報告中提出，今後一個時期對台工作的指導思想和總體要求，體現了中央對台方針政策的連續性和在新形勢下的重大發展。江澤民對「和平統一、一

國兩制」構想的豐富和發展，可概括為六點：一，明確提出一個中國原則是實現和平統一的基礎和前提；二，在堅持和平統一，不承諾放棄使用武力的基礎上，提出「文攻武備」的總方略；三，首次提出進行海峽兩岸和平談判；四，將做好台灣地區工作提升到「完成中國統一的重要基礎」的戰略高度，努力擴大兩岸經濟文化交流和人員往來；五，指出台灣問題不能無限期地拖延下去；六，從國家發展戰略高度闡述了解決台灣問題與經濟建設的辯證關係，強調解決台灣問題的關鍵在於增強綜合國力。

第三，胡錦濤主政時期，根據台灣局勢和兩岸關係形勢的新變化，在堅持「和平統一，一國兩制」的基本方針的基礎上，又提出了一系列新的重要論斷和主張。2005 年 3 月，胡錦濤就新形勢下發展兩岸關係提出了「四點意見」。一，堅持一個中國原則決不動搖；二，爭取和平統一的努力決不放棄；三，貫徹寄希望於台灣人民的方針決不改變；四，反對「台獨」分裂活動決不妥協。2005 年 4 月 30 日，中共中央總書記胡錦濤與國民黨主席連戰進行歷史性會晤，兩岸達成和平發展的五項共同願景，即：一，促進儘速恢復兩岸談判，共謀兩岸人民福祉；二，促進終止敵對狀態，達成和平協議；三，促進兩岸經濟全面交流，建立兩岸經濟合作機制；四，促進協商台灣民眾關心的參與國際活動的問題；五，建立黨對黨定期溝通平台。這是國、共兩黨最高領導人自 1949 年後首次正式接觸，國、共兩黨關係史由此掀開新的篇章。這是兩黨關係史上的標誌性事件，對推進兩岸關係和平發展具有重大意義。2008 年 12 月 31 日，胡錦濤在紀念《告台灣同胞書》發表 30 周年座談會上提出了進一步發展兩

岸關係的六點意見：一，恪守一個中國，增進政治互信；二，推進經濟合作，促進共同發展；三，弘揚中華文化，加強精神紐帶；四，加強人員往來，擴大各界交流；五，維護國家主權，協商對外事務；六，結束敵對狀態，達成和平協議。這些意見被統稱為「胡六點」，為堅決反對「台獨」、推動兩岸關係和平發展發揮了重要作用。

第四，中共十八大以來，以習近平為核心的黨中央在繼承「和平統一，一國兩制」基本方針的基礎上，再次豐富和發展相關論述，提出了一系列關於國家統一與「一國兩制」的重要論述和主張，成為以習近平為核心的黨中央治國理政的新理念、新思想、新戰略的重要組成部分。習近平指出，國家統一是中華民族走向偉大復興的必然，實現中華民族偉大復興是近代以來中華民族最偉大的夢想，中華民族在探尋民族復興強盛之道的過程中，飽經苦難滄桑。統則強、分必亂，這是一條歷史規律。中華民族偉大復興與兩岸同胞前途命運緊密相連。習近平表示，在涉及國家統一和中華民族長遠發展的重大問題上，我們旗幟鮮明、立場堅定，不會有任何妥協和動搖。1949 年以來，兩岸雖然尚未統一，但大陸和台灣同屬一個國家的事實從未改變，也不可能改變。兩岸復歸統一，是結束政治對立，不是領土和主權再造。「和平統一、一國兩制」是解決台灣問題的基本方針，這也是實現統一的最佳方式。將以最大誠意、盡最大努力爭取和平統一，因為以和平的方式實現統一最符合包括台灣同胞在內的中華民族的整體利益。「一國兩制」在台灣具體實現的形式會充分考慮台灣的情況，充分吸收兩岸各界的意見和建議，是能充分照顧到台灣同

胞利益的安排。中國共產黨所追求的國家統一不僅是形式上的統一，更重要的是兩岸同胞的心靈契合。[12] 2015 年 11 月 7 日，習近平與台灣地區領導人馬英九在新加坡會晤時，就進一步推進兩岸關係和平發展交換意見，這是 1949 年以來兩岸領導人的首次會晤，開創兩岸領導人直接對話的先河。這一歷史性會晤，是推動國家統一的標誌性事件。2017 年 10 月，中共十九大報告進一步把「堅持『一國兩制』和推進祖國統一」作為新時代堅持和發展的中國特色社會主義的十四條基本方略之一。2019 年 1 月 2 日，習近平總書記在《告台灣同胞書》發表 40 周年紀念會上發表《為實現民族偉大復興、推進祖國和平統一而共同奮鬥》的講話，闡述立足新時代、在民族復興偉大征程中推進中國和平統一的五項重大政策主張：攜手推動民族復興，實現和平統一目標；探索「一國兩制」台灣方案，豐富和平統一實踐；堅持一個中國原則，維護和平統一前景；深化兩岸融合發展，夯實和平統一基礎；實現同胞心靈契合，增進和平統一認同。這五項主張是新時代堅持「一國兩制」、推進中國和平統一的重大政策宣示。

12　中共中央宣傳部：《習近平總書記系列重要講話讀本》，北京：學習出版社，人民出版社，2016 年，第 182-185 頁。

第二節 「一國兩制」與國家治理

「一國兩制」本身就是一種國家治理的創新模式和政治實踐。2017 年 7 月 1 日，習近平在慶祝香港回歸祖國 20 周年大會暨香港特別行政區第五屆政府就職典禮上的講話中指出：「作為直轄於中央政府的一個特別行政區，香港自回歸之日起，重新納入國家治理體系。」2013 年 11 月，十八屆三中全會通過的《中共中央關於全面深化改革若干重大問題的決定》，首次提出推動國家治理體系和治理能力現代化。推動香港和澳門的治理體系和治理能力的現代化是應有之義。中央治港的一系列重要思想、觀點和方略，充分體現了以習近平為核心的黨中央治國理政的新理念、新思想、新戰略，充分體現了黨對「一國兩制」事業規律性認識的進一步深化。[13]『一國兩制』是史無前例的國家治理實踐。『一國兩制』在香港回歸過程中主要體現為國家統一的理論與實踐，香港回歸祖國後，隨着由《憲法》和《基本法》所規定的特別行政區制度的確立和運行，『一國兩制』在香港就已轉變為國家治理的理論與實踐。所以，『一國兩制』在香港的實踐理應作為國家治理體系的有機組成部分，包含在國家治理體系和治理能力現代化的進程之中。」[14] 一個社會主義國家的中央政府如何管治資本

13　張曉明：〈堅定「一國兩制」的制度自信 —— 學習習近平總書記出席香港回歸 20 周年慶祝活動期間重要講話的體會〉，《求是》，2017 年第 14 期，第 14 頁。

14　王志民：〈把握「一國兩制」新的定位 正確處理六對重要關係 —— 深刻學習領會黨的十九大報告關於香港工作的重要論述〉，《求是》，2018 年第 2 期。

主義的香港地區，是治國理政的重大課題，也存在一個如何在實踐中不斷深化對『一國兩制』方針全面準確理解的問題。」[15]

中央對港澳的治理從理論認識到治理實踐，經歷了一個不斷深化、不斷提升的過程。這個過程正正反映了中央對「一國兩制」實事求是，反映了中央不迴避「一國兩制」在形勢發展變化過程中出現的新問題，反映了中央將「一國兩制」納入國家治理體系後仍不斷探索。2004 年，十六屆四中全會首次提出「保持香港、澳門長期繁榮穩定是黨在新形勢下治國理政面臨的嶄新課題」。2007 年，十七大進一步表述為「保持香港、澳門長期繁榮穩定是黨在新形勢下治國理政面臨的重大課題」。從「嶄新課題」到「重大課題」是在認識上的一次重大提升。2012 年，十八大則將「維護國家主權、安全、發展利益和保持香港、澳門長期繁榮穩定」作為中央對港澳政策的根本宗旨。2017 年 7 月 1 日，習近平總書記提出「既要把實行社會主義制度的內地建設好，也要把實行資本主義制度的香港建設好」，體現了中國共產黨的國家治理思維已經超越了單一的社會形態，更具有全球視野和關懷。2017 年 10 月，中共十九大報告不但將堅持「一國兩制」和推進統一作為新時代堅持和發展中國特色社會主義 14 條基本方略，在論述中更把保持港澳的繁榮穩定與中華民族偉大復興聯繫在一起。報告中指出「保持香港、澳門長期繁榮穩定，實現祖國完全統一，是實現中華民族偉大復興的必然要求」，這極大表明了中央對實

15　饒戈平：〈全面準確地理解和實施「一國兩制」方針〉，《求是》，2014 年第 14 期。

踐「一國兩制」的信心、勇氣和胸懷，也體現了「一國兩制」與百年中國夢緊密相連。

改革開放是國家在治理進程中決定當代中國命運的重大國策，是中國從「站起來」到「富起來」的重大進程，也是中國從「富起來」到「強起來」的重大基礎。中華民族偉大復興也只能在改革開放中得以實現，而「一國兩制」的偉大構想正是在改革開放時提出來的。可以說，「一國兩制」是改革開放的重要產物、重要內容和重要組成部分。香港對國家改革開放進程作出了歷史性貢獻。改革開放與「一國兩制」有密切關係，20 世紀 80 年代改革開放初期，提出「一國兩制」解決香港問題。90 年代前後，改革開放爭論期，香港處於回歸過渡期。回歸前 15 年（1997—2012），是改革開放加速期，香港實踐「一國兩制」。2012 年以來，改革開放深化期，「一國兩制」在香港的實踐也進入調整期。

1984 年 7 月 31 日，鄧小平會見英國外交大臣賀維（Geoffrey Howe）時曾明確指出：「『一個國家，兩種制度』的構想不是今天形成的，而是幾年以前，主要是在我們黨的十一屆三中全會以後形成的。」[16] 鄧小平實際上表明了，「一國兩制」是基於中國共產黨第十一屆三中全會確定的改革開放政策以來的實踐和經驗中形成的。「那時還沒有『一國兩制』的說法，我們說的是『保持香港資本主義制度』。那時已經實行改革開放的政策，所以對香港採取這個政策（保持香港資本主義制度），給他們很多優惠。香

16　鄧小平：《鄧小平文選》第三卷，北京：人民出版社，1993 年，第 67 頁。

港財政不上繳，也不徵稅。因為回歸之後，能夠保持香港繁榮穩定，對我們整個四化建設有利。」[17] 中共十一屆三中全會提出改革開放後，國家的中心工作轉移到經濟建設。國家需要開放，吸納更多的資金進入內地，而台灣、香港、澳門在改革開放初期已經發揮出顯著的作用，大量香港、台灣資金進入內地，有利於內地的現代化。這也為以「一國兩制」方式解決台、港、澳問題，以此保留台、港、澳地區的窗口作用提供了一個非常務實的理由。但這只能是其中一個因素，並非決定性因素。鄧小平本人也承認，如果香港不能保持繁榮穩定，會影響內地的四化建設。但他認為，如果把內地四化建設實現與否寄託於香港能否繁榮穩定之上，這決策本身就不正確。1985 年 3 月，第六屆全國人大三次會議正式把「一國兩制」確定為中國的一項基本國策。在 80 年代中後期，改革開放的關鍵進程中，制定了《香港特別行政區基本法》，將「一國兩制」方針具體化、法律化和制度化，把國家對香港的基本方針政策和制度都確定下來。

習近平也明確指出，鄧小平是在改革開放的歷史條件和時代背景下提出「一國兩制」。「在改革開放的歷史條件和時代背景下，鄧小平先生提出了『一國兩制』偉大構想，並以此為指引，通過外交談判，順利解決了歷史遺留的香港問題。」[18] 從當時的背景可以看出，除了主權因素外，由於改革開放主要是對外開放

---

17 魯平口述、錢亦蕉整理：《魯平口述香港回歸》，上海：中國福利會出版社，2009 年，第 15 頁。

18 〈習近平在慶祝香港回歸祖國 20 周年大會暨香港特別行政區第五屆政府就職典禮上的講話〉，新華社，2017 年 7 月 1 日。

和對內改革,因此,經濟因素是形成「一國兩制」的主要基礎。另外,改革開放的重要經驗——解放思想——也是在理論和實踐創新中,提出「一國兩制」的重要推動力。中央要繼續致力於推進國家治理體系和治理能力現代化,堅定不移地深化各方面改革,擴大開放,使改革和開放相互促進、相得益彰。因此,「一國兩制」也將在改革開放的進程中進一步深化、發展、提升。

第三節　「一國兩制」與民族復興

「一國兩制」的成功實踐,關係到中華民族的偉大復興。香港、澳門的命運與國家的命運緊密相連,在中華民族偉大復興的道路上更不能缺少了港澳同胞。今天香港在國際上享有的地位,與當前國家的崛起和民族的復興密不可分。中華民族的偉大復興是包括港澳台同胞在內整個民族的復興,實踐「一國兩制」的港澳地區自然也是民族復興的一部分。

習近平總書記始終從實現中華民族偉大復興的中國夢,謀劃「一國兩制」實踐和統一進程。他強調,國家日益繁榮昌盛,不僅是香港抵禦風浪、戰勝挑戰的底氣所在,也是香港探索發展新路向、尋找發展新動力、開拓發展新空間的機遇所在。強調決定兩岸關係走向的關鍵是中國大陸發展進步,國家統一是中華民族走向偉大復興的歷史必然。強調實現中華民族偉大復興,是全體中國人的夢想。這些重要論述,極大拓展了堅持「一國兩制」、

推進統一的視野和格局，為開展港澳工作、對台工作提出了新要求，描繪了新藍圖。

「一國兩制」事業是中國特色社會主義的重要組成部分，是國家治理體系和治理能力現代化的重要體現，是中華民族偉大復興的重要內容。[19] 2017 年 7 月 1 日，習近平在慶祝香港回歸祖國 20 周年大會暨香港特別行政區第五屆政府就職典禮上的講話中指出，「回到祖國懷抱的香港已經融入中華民族偉大復興的壯闊征程」，「不斷推進『一國兩制』在香港的成功實踐，是中國夢的重要組成部分。」中國夢的核心是實現中華民族偉大復興，因此，「一國兩制」就與中華民族的偉大復興緊密結合在一起，也結合了香港的前途與國家的命運。

推進「一國兩制」在香港、澳門的成功實踐，港澳同胞既有責任，也有義務；實現中華民族偉大復興的中國夢，港澳同胞同樣有歷史責任和偉大榮光。2017 年 10 月，中國共產黨十九大報告進一步論述了一國兩制與民族復興的關係。一方面，十九大報告把「堅持『一國兩制』和推進祖國統一」作為新時代堅持和發展中國特色社會主義基本方略的重要組成部分。報告指出，保持香港、澳門長期繁榮穩定，實現完全統一，是實現中華民族偉大復興的必然要求。另一方面，香港、澳門的命運與國家的命運緊密相連，在中華民族偉大復興的道路上不能缺少了港澳同胞。更

19　張德江：〈堅定「一國兩制」偉大事業信心　繼續推進《基本法》全面貫徹落實 —— 在紀念《中華人民共和國香港特別行政區基本法》實施 20 周年座談會上的講話〉，《人民日報》，2017 年 5 月 28 日，第 3 版。

指出，要「讓香港、澳門同胞同祖國人民共擔民族復興的歷史責任、共享祖國繁榮富強的偉大榮光」、「實現中華民族偉大復興，是全體中國人共同的夢想。只要包括港澳台同胞在內的全體中華兒女順應歷史大勢、共擔民族大義，把民族命運牢牢掌握在自己手中，就一定能夠共創中華民族偉大復興的美好未來！」

中共十八大以來，習近平總書記着眼推動「一國兩制」沿着正確方向前進，提出「兩個根本宗旨」、「三個有機結合」、「四個始終」、「底線論」（任何危害國家主權安全，挑戰中央權力和《香港特別行政區基本法》權威，利用香港對內地進行滲透破壞的活動，都是絕不能允許的）、「四個實踐規律」等重要思想，確保全面準確理解和貫徹「一國兩制」方針，確保「一國兩制」方針不會變、不動搖，確保實踐不變形、不走樣。

世界處於大發展、大變革、大調整時期，國家處於中華民族偉大復興的歷史進程中，香港社會內部也在發生變化。「一國兩制」的理論與實踐要不斷適應國際、國家、香港自身客觀形勢的變化，內涵和外延必然產生相應變化。相關配套就要與時俱進，在落實「一國兩制」的過程中要對相關政策具象地調整。但這並不意味着可以任意發揮「一國兩制」，隨意改變本質和初衷，而是要更好地確保方針不會變、不動搖，確保實踐不變形、不走樣，以及確保政策在香港實踐好、落實好。「一國兩制」的實踐沒有順風順水，現在仍然磕磕絆絆，未來更加不可能中規中矩，這與我們的期待存在很大的差距。但「一國兩制」已經體現了中國和合哲學的理念，求大同，存大異則是最佳體現。雖然一國與兩制的矛盾、社會主義制度與資本主義制度的矛盾、中央管治與高度

自治的矛盾仍然存在，但只要初心和實踐的信心不變，各個持份者就應創新思維，共同應對新時代出現的新情況、新問題，[20] 共同推進「一國兩制」走向中華民族的偉大復興。當前，「我們前所未有地靠近世界舞台中心，前所未有地接近實現中華民族偉大復興的目標，前所未有地具有實現這個目標的能力和信心」[21]，我們對「一國兩制」應充滿信心。

第四節　結語

在當時的背景和政治環境下，「一國兩制」的設計必然存在不盡如人意的地方。而「一國兩制」在香港的實踐更是「摸着石頭過河」。但「一國兩制」的精髓在於實事求是，是變與不變的結合。「一國兩制」在香港實踐多年，正是發現問題、認識問題和解決問題的過程，而未來仍是這樣的一個過程。最重要是不忘初心，不迴避問題，有直面問題的信心和勇氣，「一國兩制」才能行穩致遠。未來隨着形勢發展的變化，納入國家治理體系的香港作為實踐「一國兩制」的主要區域，必然承載更多歷史使命，中央必然賦予更多內涵。在中華民族偉大復興進程中，如何更好地

20　饒戈平：〈站在歷史新起點的「一國兩制」〉，《紫荊》，2018 年第 1 期。

21　陳宇翔、薛光遠：〈三個前所未有：當代中國歷史方位的科學論斷〉，《光明日報》，2015 年 11 月 8 日，7 版。

完善和實踐「一國兩制」，是我們面臨的重大任務。

　　堅持「一國兩制」，保持香港長期繁榮穩定，是實現中華民族偉大復興的必然要求，是新時代中國特色社會主義思想和基本方略的重要組成部分。因此，在新時代落實「一國兩制」，就要堅持中央的全面管治權和保障高度自治權，確保方針不會變、不動搖，確保實踐不變形、不走樣；在新時代探索「一國兩制」，就要香港特區政府和行政長官積極應對深層次和結構性的矛盾，履行維護國家主權、安全、發展利益的憲制責任；在新時代完善「一國兩制」，就要學界加強在理論、制度和政策上的創新，為推動國家對香港的治理體系和治理能力現代化作出努力。

第三章

「一國兩制」
探索型實踐的漸變與發展

「一國兩制」作為一項史無前例的國家制度，回歸以來，在香港的實踐是成功的。「一國兩制」在香港經過 20 多年探索型實踐，中央對「一國兩制」的歷史邏輯、理論內涵和制度信心有更深入的認識。在一系列制度和政策的保障下，「一國兩制」在香港進入高質量實踐。這一階段與中國實現第二個百年目標，即中華民族的偉大復興進程幾乎同步推進。隨着「一國兩制」在香港進入高質量實踐，有必要從過往「一國兩制」探索型實踐的經驗中展望高質量實踐，在「一國兩制」的歷史、制度和實踐的邏輯中探尋發展之路。

第一節 「一國兩制」在香港的探索型實踐

回歸後，「一國兩制」的偉大構想在香港變為現實，付諸實踐。中央政府、內地、香港特區政府以及香港各界共同致力於「一國兩制」的實踐。「一國兩制」是解決歷史遺留的香港問題的最佳方案，也是香港回歸後依然保持長期繁榮穩定的最佳制度安排。在「一國兩制」探索型實踐的進程中，「一國兩制」的理論與實踐不斷豐富和完善。

第一，回歸以來，隨着內外形勢的發展變化，中央不斷深化對「一國兩制」方針的科學內涵和戰略定位的認識。回歸初期，「一國兩制」開局良好，這個新生制度在摸索中實踐，積累經驗。隨着香港內外形勢的發展和在實踐中出現的問題，中央將「一國

兩制」闡釋為治國理政的嶄新課題（2004 年中共十六屆四中全會提出「保持香港、澳門長期繁榮穩定，是黨在新形勢下治國理政面臨的嶄新課題」）和重大課題（2007 年中共十七大提出「保持香港、澳門長期繁榮穩定是黨在新形勢下治國理政面臨的重大課題」）。中共十八大以來，中央對「一國兩制」戰略定位和科學內涵的闡釋，從「兩個根本宗旨」（2012 年中共十八大提出「中央政府對香港、澳門實行的各項方針政策，根本宗旨是維護國家主權、安全、發展利益，保持香港澳門長期繁榮穩定」）到新時代中國特色社會主義的基本方略（2017 年中共十九大將堅持「一國兩制」作為新時代中國特色社會主義的十四個基本方略之一）；從國家制度和治理體系的顯著優勢（2019 年中共十九屆四中全會將「堅持『一國兩制』，保持香港、澳門長期繁榮穩定，促進祖國和平統一」作為國家制度和治理體系所具有的顯著優勢之一），到新時代黨和國家事業的「歷史性成就」（2021 年中共十九屆六中全會通過的《中共中央關於黨的百年奮鬥重大成就和歷史經驗的決議》將堅持「一國兩制」作為新時代黨和國家事業取得的歷史性成就之一），經過了不斷演化的過程。從回歸以來，中央對「一國兩制」的認知演變歷程中可以看出，中央政府對「一國兩制」的規律性認識不斷深化，在探索型實踐中提升對「一國兩制」認識的理論邏輯和實踐邏輯。

第二，回歸以來，「一國兩制」的探索型實踐實現了中央全面管治和香港高度自治的有機結合。「一國兩制」具有《憲法》依據和《基本法》的保障。《中華人民共和國憲法》第三十一條規定，「國家在必要時得設立特別行政區。在特別行政區實行的制

度按照具體情況由全國人民代表大會以法律規定。」這為特別行政區實行「一國兩制」提供了《憲法》依據。1990年4月4日，全國人大通過《中華人民共和國香港特別行政區基本法》，同時作出設立香港特別行政區的決定。《基本法》是根據《憲法》制定的法律，規定了在香港實行的制度和政策，是「一國兩制」方針政策的法律化、制度化，為「一國兩制」的實踐提供了法律保障。[1] 回歸以來，中央依照《憲法》和《基本法》，對香港行使全面管治權，完善與《憲法》和《基本法》實施的相關制度，建立健全維護國家安全的法律制度和執行機制，制定和實施《香港國家安全法》，完善香港特別行政區選舉制度，落實「愛國者治港」原則，支持行政長官和特區政府依法施政。與此同時，香港特別行政區根據《基本法》實施高度自治，貫徹落實「一國兩制」和《基本法》。全面管治和高度自治是「一國兩制」的內涵所在，不可分割。中央政府和特區政府在探索型實踐中，解決香港發展中遇到的各種問題，既落實中央對特別行政區的全面管治權，也提升高度自治權的效能。兩者的有機結合才使「一國兩制」穩步前行。

第三，回歸以來，「一國兩制」在探索型實踐的過程中也出現了一系列的重大挑戰。「一國兩制」作為新生理論，並沒有先例可循，也沒有經驗可以借鑑，在實踐中出現一些問題是難以避免。回歸以來，2003年的反對《基本法》第二十三條立法，2012年的反對推行國民教育科，2014年發動非法「佔中」，2015年

---

1   國務院新聞辦公室：《「一國兩制」在香港特別行政區的實踐》，北京：人民出版社，2014年。

反對派否決政改方案，2016年「旺角暴動」和「港獨」宣誓事件，2019年「修例風波」等一系列事件，嚴重威脅國家主權、安全、發展利益和香港的繁榮穩定，並干擾、挑戰「一國兩制」的原則底線。與此同時，外部敵對勢力妄圖在香港製造顏色革命，搞亂香港，癱瘓特區政府，進而對內地進行滲透和破壞，令香港成為國家安全的風險區。2017年習近平主席在香港回歸20周年紀念大會上就指出，「一國兩制」在香港的實踐遇到一些新情況、新問題。香港維護國家主權、安全、發展利益的制度還需完善，對國家歷史、民族文化的教育宣傳有待加強。社會在一些重大政治和法律問題上還缺乏共識，經濟發展也面臨不少挑戰，傳統優勢相對減弱，新的經濟增長點尚未形成，住房等民生問題比較突出。

面對「一國兩制」實踐中出現的新問題、新挑戰，中央政府不迴避，權衡利弊，科學評估，堅持依法治港。從制度上、政策上採取措施，確保「一國兩制」方針不會變、不動搖。中央既從政治安全方面採取措施維護國家安全，完善選舉制度，也在解決民生方面推動香港融入國家發展大局，支持解決深層次、結構性矛盾，確保「一國兩制」實踐的正確方向。

第四，回歸以來，香港在實踐「一國兩制」過程中，也有很多經驗和教訓需要反思和檢視。只有深切反思回歸以來「一國兩制」在實踐中得到的教訓，包括回歸前就存在的問題，以及回歸後的新問題，才能在高質量實踐中面臨更加嚴重的挑戰時，以最大力度應對，最大幅度降低對香港的衝擊。只有深切反思教訓，才能更好地落實中央全面管治權和真正提高高度自治的質量和效能，使「一國兩制」更符合各方的利益。這些教訓包括：缺乏大

局意識和敏感意識；缺乏危機意識和處理突發事情的能力；過度強調兩制的特殊性；在國際國內的平衡中以外壓內；法制並不健全；長期迎難而退；與中央「討價還價」，執行中央政策時打折扣；高度自治只要授權「高度」，缺乏自治效能；社會難題長期拖而不解，議而不決，決而不行；固守「大市場，小政府」的僵化經濟理念；行政主導，但主而不導；公共行政體系不能靈活變通，以「不變」應對內外局勢的「變」；部分港人長期對內地、國家、中共持排斥態度；香港內外反對勢力阻撓和干預「一國兩制」；融入國家發展大局的形式主義；建制派建設不足，愛國愛港陣營有「營」無「陣」；涉港部門作為不夠，沒有為中央管治香港發揮關鍵作用；特區政府沒有聚焦「以人民為中心」的發展理念，等等。

第二節　探索型實踐的啟示

經過 20 多年的探索型實踐，「一國兩制」、港人治港、高度自治的制度在香港落地生根，「一國兩制」成為香港的身份和標誌。回歸以來，香港雖然經歷了亞洲金融風暴、沙士、國際金融危機、非法「佔中」、「修例風波」、新冠疫情等衝擊，但仍然保持了繁榮穩定。「一國兩制」在面對和應對新情況、新挑戰中，展現出強大的生命力和韌性。

第一，回歸以來，從中央認識「一國兩制」實踐的變化中可

以看出，中央根據形勢的發展變化和實踐中出現的問題，不斷提升對「一國兩制」的認識和理論闡釋。從中共十五大（1997年）、十六大（2002年）、十七大（2007年）、十八大（2012年）、十九大（2017年）、二十大（2022年）等六次中共代表大會及歷次全會中，涉「一國兩制」的話語敘事變化，以及國家最高領導人在慶祝香港和澳門回歸1周年、5周年、10周年、15周年、20周年和25周年慶祝大會上的講話變化，可以看出中央對「一國兩制」的認知變化。變化是逐步遞進的。一、「一國兩制」是一項全新事業，需要中央政府、香港特別行政區政府和廣大香港同胞一同實踐和探索。二、「一國兩制」是完整的概念。「一國」維護中央依法享有的權力，維護國家主權、統一、安全。「兩制」保障香港特別行政區依法享有的高度自治權，支持行政長官和政府依法施政。一國是兩制的前提，沒有一國就沒有兩制。一國和兩制不能相互割裂，更不能相互對立。三、「一國兩制」的核心要求和基本目標，是維護國家主權、安全、發展利益，保持香港長期繁榮穩定。四、中央貫徹「一國兩制」方針堅定不移，不會變、不動搖；並全面準確，確保實踐不走樣、不變形，始終沿着正確方向前進。作為開創性事業，「一國兩制」需要在實踐中不斷探索。

第二，回歸以來，從中央解決香港實踐「一國兩制」中出現的各種問題可以看出，中央積極依法行使權力，切實解決「一國兩制」實踐出現的新問題、新挑戰。香港自回歸之日起就納入國家治理體系，「一國兩制」在香港的實踐就是國家治理結構的重要組成部分。中央依據《憲法》、《基本法》、《香港國安法》、全國人大及常委會有關決定治理香港特別行政區。中央對「一國兩

制」在實踐中出現的新問題、新挑戰，採取客觀和理性的態度，正視問題不迴避。香港回歸以來，中央依法治港，採取立法、司法、行政等方式解決問題。全國人大是最高的國家權力機關。全國人大及其常委會在解決「一國兩制」各種新問題、新挑戰的過程中，發揮了極其重要的作用。為解決在探索型實踐中出現的新問題、新挑戰，截至 2023 年 6 月，全國人大作出兩次「決定」，人大常委會作出一次立法、一次修法、五次「決定」、五次對《香港基本法》的釋法和一次對《香港國安法》的釋法，主要集中在政制發展問題和國家安全問題。回歸以來，香港政制發展問題主要是行政長官和立法會的產生辦法，[2] 國家安全的問題則是維護國家安全乏力。中央根據《憲法》和《基本法》，積極行使權力。根據《基本法》第四十三條，「香港特別行政區行政長官依照本法的規定對中央人民政府和香港特別行政區負責」。因此，回歸以來，行政長官每年都要赴京述職，向中央匯報「一國兩制」的實踐情況。從國家主席和國務院總理對行政長官作出的指示，可以看出中央積極行使對高度自治權的監督。另外，中央政府依法發出指令，要求特別行政區政府執行指令。例如，2019 年 2 月 26 日，中央人民政府向特區行政長官發出公函，支持特區政府依法禁止香港民族黨運作，並請行政長官就有關情況向中央人民政府提交報告。中央採取標本兼治的舉措，推動香港由亂到治，為推

2　　王鳳超：《香港政制發展歷程》，香港：中華書局，2017 年。

進依法治港、促進「一國兩制」行穩致遠，打下了堅實基礎。[3]

　　第三，回歸以來，從香港的發展路徑可以看到，香港依靠、融入國家，加強與內地合作是香港實踐「一國兩制」，保持繁榮穩定的核心支撐。香港在促進國家改革開放進程中實現自身的發展，與內地優勢互補，共同發展。國家是香港持續發展的重要依託，是繁榮穩定的堅強後盾。一、中央將香港納入國家整體發展戰略。2011 年，「十二五」規劃首次將港澳單獨成章，明確香港在國家發展大局中的戰略地位，從國家整體戰略的高度，支持香港提升競爭力，為發展提供新機遇和空間。2016 年，「十三五」規劃提出提升香港在國家經濟發展、對外開放中的地位和功能，推動香港參與國家雙向開放，「一帶一路」建設。2021 年，「十四五」規劃和 2035 年遠景目標提出支持香港提升國際金融、航運、貿易中心地位；強化香港作為全球離岸人民幣業務樞紐、國際資產管理中心及風險管理中心；支持香港建設亞太區國際法律及解決爭議服務中心；支持香港提升國際航空樞紐地位、建設國際創新科技中心和區域知識產權貿易中心及發展成為中外文化藝術交流中心。二、建立香港與內地更緊密的經貿關係。2001 年中國加入世界貿易組織。為更好地發揮優勢，便利香港參與區域經濟合作；2001 年 11 月，時任香港特區行政長官董建華提出與內地建立自由貿易區的建議，得到中央的重視和支持。2003 年，中央有關部門與香港特區政府簽署《關於建立更緊密

3　〈中共中央關於黨的百年奮鬥重大成就和歷史經驗的決議〉，新華社，2021 年11 月。

經貿關係的安排》（Mainland and Hong Kong Closer Economic Partnership Arrangement, CEPA）。CEPA 簽署以來，內地與香港不斷更新和補充協議。在 CEPA 框架下，香港與內地簽署服務貿易協議，實現服務貿易自由化。之後簽署的投資協議、經濟技術合作協議，便利跨境基礎設施建設和人員、貨物通關。內地與香港實施基金互認安排，開放香港人民幣業務，先後實施滬港通、深港通、債券通等金融互聯互通的政策。三、推動香港特別行政區與內地省市加強區域合作。香港已經與北京、上海、廣州、深圳、四川、福建、湖北等地建立了合作機制。四、通過融入國家發展大局，提升香港優勢，以利保持長期繁榮穩定。支持香港更好地融入國家發展大局是中央的戰略部署。近年來，中央大力建設粵港澳大灣區、深圳前海等，都是支持香港融入國家發展大局的重大舉措。

第四，回歸以來，從「一國兩制」探索型實踐中的變化可以看出，香港特別行政區政府必須履行「一國兩制」實踐的主體責任，在社會中形成穩固的施政基礎。作為特別行政區和特別行政區政府的雙首長，行政長官是香港貫徹落實「一國兩制」方針政策和《基本法》的第一負責人。行政長官需向中央人民政府述職，向中央報告特別行政區的重大事項。回歸以來，中央支持香港應對亞洲金融風暴、抗擊沙士、應對國際金融危機。2014 年香港發生非法「佔中」運動，中央政府堅定支持香港特區政府依法處置有關違法活動，維護香港社會穩定，保護香港市民人身和財產安全，支持香港特別行政區依法懲治「佔中」的主要組織者和策劃者。2019 年香港發生「修例風波」，中央支持香港特區政

府止暴制亂，恢復秩序。中央政府堅決支持行政長官帶領特區政府依法施政，堅決支持香港警方嚴正執法，堅決支持香港特區政府有關部門和司法機構依法懲治暴力犯罪分子，堅決支持愛國愛港人士捍衛香港法治的行動。對於「港獨」勢力，中央全力支持特區政府打擊「港獨」分子和活動，取締「港獨」組織。2020年6月30日，《香港國家安全法》生效。中央支持特區政府履行維護國家安全的憲制和主體責任，堅定支持有關機構全面履行法定職責，做好相關工作，有效地防範、制止、懲治危害國家安全的行為，切實保護民眾的合法權利和自由。2021年，中央支持香港特別行政區落實「愛國者治港」原則，完善公職人員宣誓制度。2022年2月中旬，鑑於香港疫情嚴重，習近平總書記果斷作出指示，強調香港特區政府要切實負起主體責任，把儘快穩控疫情作為當前壓倒一切的任務，動員一切可以動員的力量和資源，採取一切必要的措施，確保香港市民的生命安全和身體健康，確保香港社會大局穩定。中央各有關部門和地方要全力支持和幫助香港特區政府做好防疫和抗疫工作。另外，面對香港社會問題，中央全力支持特別行政區政府着力解決社會深層次和結構性矛盾，提高施政能力和管治水平，實現良政善治。

第五，回歸以來，從國際社會對「一國兩制」探索型實踐的認知中可以看出，促進和善用積極的國際因素、防範和遏制消極的國際因素有利於保障「一國兩制」實踐的國際環境。正常情況下，國際因素是促進「一國兩制」，推動香港繁榮穩定的重要因素。但在某些情況下，國際因素也會成為破壞「一國兩制」，危害香港繁榮穩定的重要因素，催生干預香港事務的外部勢力。香

港是一個國際化大都市，很多國家在香港擁有大量的利益，加之香港與國際社會的高度互動網絡，國際因素對香港的影響遠遠高於國際上絕大多數城市。隨着國際大格局和環境的變化，國際因素成為影響「一國兩制」在香港實踐的重要外部因素。[4] 香港是國際金融、貿易、航運中心，保持香港繁榮穩定，不僅符合中國的利益，也符合各國投資者的利益。中央政府支持香港特別行政區擴大對外交往，提升國際影響力，依法保護各國在港利益。中央政府授權香港與多國簽署避免雙重徵稅、促進和保護投資、刑事司法協助等協定，支持與其他國家簽署自貿協定。為保障「一國兩制」在香港的實踐，中央堅定防範和遏制外部勢力對香港事務的干預和介入，維護國家主權、安全、發展利益，維護香港的繁榮穩定。

第三節　「一國兩制」在香港進入高質量實踐階段

2017 年 10 月，中共十九大首次提出高質量發展的政治和政策表述，即「我國經濟已由高速增長階段轉向高質量發展階段」。2020 年 10 月，中共的十九屆五中全會提出，「十四五」時期經濟社會發展要以推動高質量發展為主題，這是根據中國發展階段、

4　張建：〈「一國兩制」在香港實踐：內外因素鏈接與互動效應〉，《統一戰線學研究》，2020 年第 4 期。

環境和條件變化作出的科學判斷。高質量發展成為指導各方面發展的戰略思維。推動高質量發展，是適應社會主要矛盾變化，是全面建成小康社會、建設社會主義現代化國家和實現中華民族偉大復興的必然要求。「一國兩制」在香港的實踐與國家發展大局、國家發展階段有密切關聯。2021 年 12 月 22 日，國家主席習近平會見時任香港特別行政區行政長官林鄭月娥時指出，黨的十九屆六中全會作出關於黨的百年奮鬥重大成就和歷史經驗的決議，「一國兩制」作為重要內容寫入其中。香港回歸後的歷程充分證明，實行「一國兩制」有利於維護國家、香港和廣大香港同胞的根本利益。中央將繼續堅定不移地貫徹「一國兩制」方針。隨著實踐的不斷深入和制度體系的不斷完善，「一國兩制」的優越性將進一步彰顯。[5] 隨着國家在民族復興進程中高質量發展，「一國兩制」在香港的實踐進入五十年不變的下半場，香港面臨內外形勢的新變化，「一國兩制」的實踐需要新方向和目標，就是開始進入高質量實踐階段。

第一，未來十年是高質量實踐的關鍵時期。在高質量實踐下，國家主權、安全、發展利益將得到充分保障，全面管治權和高度自治權將得到更加有效的結合，中央全面管治和香港高度自治的兩大治理體系和治理能力更加現代化，「愛國者治港」原則將得到更充分落實。香港的法治和營商環境將更加優良，長期困擾香港的深層次矛盾將得到緩解和部分有效解決，「一國兩制」

5　〈習近平會見來京述職的林鄭月娥〉，《人民日報》，2022 年 5 月 10 日。

將得到香港和國際社會的高度支持和認可。在高質量實踐中，將更彰顯「一國兩制」的強大生命力和制度韌性。

第二，高質量實踐階段是「一國兩制」作為國家治理理論與實踐的發展和提升。在香港回歸的過程中，「一國兩制」主要體現為國家統一的理論與實踐；回歸後，已轉變為國家治理的理論與實踐。特別是中共十八大以來，以習近平為核心的黨中央堅守「一國兩制」構想，以系統、科學的戰略、辯證、法治、底線和發展思維，指引「一國兩制」事業不斷開拓前行[6]，讓「一國兩制」從探索型實踐轉向高質量實踐。高質量實踐階段需要完善和提升「一國兩制」，需要治理體系和治理能力的現代化來提升特別行政區的治理水平和治理效能。同時，高質量實踐與民族復興的進程緊密相連，相互支撐，相互成就。高質量實踐是實現國家現代化和中華民族偉大復興的重要組成部分。

第三，高質量實踐需要高質量的體制和機制作保障。近年來，中央政府採取一系列重大舉措，為進入高質量實踐提供制度保障。2020年，中央建立健全維護國家安全的法律制度和執行機制，實施《香港國家安全法》。2021年，中央完善選舉制度，修改《基本法》附件一和附件二，重構選舉制度，落實「愛國者治港」原則。在《香港國安法》和「愛國者治港」原則的保障下，重構和重塑了香港的政治生態和權力結構，「一國兩制」具備了

6　瞭望・治國理政紀事：〈「一國兩制」香港實踐的新時代印記〉，新華網，2021年6月26日，http://home.xinhua-news.com/gdsdetailxhs/share/9600203-?pageflag=iframe，上網時間：2022年4月30日。

進入高質量實踐的基礎。但未來「一國兩制」在高質量實踐階段面臨的問題和挑戰將更加複雜，不確定因素將更加明顯，這就需要更加系統的制度來保障高質量實踐。未來需要從實現中華民族偉大復興的戰略全局高度，不斷健全「一國兩制」制度體系，謀劃高質量實踐。未來需要聚焦建設愛國愛港力量，提升特區管治水平和效能，推動香港實現良政善治，為高質量實踐提供支撐。

第四，高質量實踐需要香港社會和特區政府，提高對世界、國家和香港自身的認知和理解。2014 年發佈的《「一國兩制」在香港特別行政區的實踐》白皮書和 2021 年發佈的《「一國兩制」下香港的民主發展》白皮書，對偏離「一國兩制」框架的錯誤傾向加以導正，糾正了一些模糊認識和片面理解。[7] 香港社會和特區政府對「一國兩制」仍存在認識上的缺失，需要提升對「一國兩制」的認識，同時也要加強對世界、對國家、對自身的認識和理解，包括：提升特區政府官員對國際政治和中國政治的認識，增強大局意識；主動接受中央的監督，特別是特區政府官員要有接受中央和香港監督的雙重意識；「一國兩制」實踐需要因時因勢，更具靈活性；更好地吸納內地和國際的優勢，吸收適合、有效的經驗；真正融入國家發展，跳脫出追求經濟獲利的短淺視野；凸顯中共在香港的能見度；破局香港政治團體的狹隘選舉利益；愛國愛港如何治港；重塑香港的內外聲響；切實發揮行政主

7　國務院新聞辦公室：《「一國兩制」在香港特別行政區的實踐》，北京：人民出版社，2014 年。國務院新聞辦公室：《「一國兩制」下香港的民主發展》，北京：人民出版社，2021 年。

導，解決幾個制約發展的問題；打破利益集團的牽絆；提升傳統優勢，再創新優勢；在國際大變局中，特別是地緣政治和大國博弈下，保持和增強香港的國際金融中心和貿易中心的地位。

第四節　高質量實踐的有利戰略性條件

2022 年 7 月 1 日，習近平主席在慶祝香港回歸祖國 25 周年大會暨香港特別行政區第六屆政府就職典禮的講話中指出，香港正處於從由亂到治走向由治及興的新階段。未來五年是香港開創新局面、實現新飛躍的關鍵期。處於時代之變、世界之變、國家之變時期，香港如何在複雜的環境中應對挑戰和把握機遇，直接關係到香港能否保持繁榮穩定，「一國兩制」能否實現高質量實踐。在複雜的內外環境中，未來高質量實踐具有戰略性的有利條件。

第一，政治性條件讓香港政治生態得到根本改變，以提高特區政府的治理效能。在《香港國家安全法》和「愛國者治港」原則兩大制度保障下，香港的政治格局和政治生態已經發生根本性轉變，社會爭拗大幅減少，謀求發展的社會共識大幅增強。首先，通過落實維護國家安全的法律規範和「愛國者治港」原則，將破壞「一國兩制」，干擾特區政府施政，甚至宣揚「港獨」的反中亂港勢力排除出政權架構。這成功彰顯了行政主導，改善了行政和立法關係，社會輿論大幅改觀，形成了相對良性的政治生態。其

次，「愛國者治港」原則有利提升管治效能，能夠更好地讓政府聚焦社會、經濟、民生等問題，特別是讓一些拖而不決，決而不議，議而不行的問題得到切實的緩解和解決。再者，完善國家安全制度和政治制度，使特區政府的施政和發展擁有良好的社會基礎，吸納治港人才投入建設和發展，真正為香港發展、為融入國家發展大局和中華民族偉大復興作出貢獻。

第二，經濟性條件讓香港融入國家發展大局呈現不可逆轉的態勢。中央對香港的發展給予戰略性支持，融入國家發展大局是實現香港更好發展的重大機遇和動力。國家強大的實力和不斷推進的各種重大發展戰略是香港發展的最大依託、依靠和憑藉。國家超大體量的經濟規模、市場空間和發展前景，為香港提供廣闊的戰略發展空間和縱深的發展機遇。未來中央將一如既往，甚至更加重視香港的特殊優勢和獨特作用，在一系列戰略規劃中，考量香港的角色和功能，加強融入國家發展大局的廣度和深度。香港與內地的合作，形成了香港與深圳、大灣區（除深圳外的大灣區城市），和大灣區外核心城市合作的三層空間佈局。未來香港與內地的合作無論是在空間上還是範疇上都會繼續擴大，為香港融入國家發展大局提供實實在在的平台。在香港融入國家發展大局進程中，中央會全力為香港提供多元的經濟條件。

第三，制度性條件讓香港長期形成的獨特地位和顯著優勢仍具有堅實的基礎，以提高自身競爭力。「一國兩制」是香港發展的根本條件，是香港形成獨特地位和顯著優勢的制度基礎。一，香港仍具有堅實的發展「家底」。習近平主席在香港回歸25周年的講話中指出，香港國際金融、航運、貿易中心地位穩固，香港

自由開放、與國際規則順暢銜接、營商環境世界一流、包括普通法在內的原有法律得到保持和發展。另外，港元與美元掛鈎的聯繫匯率制度實施 40 年，符合香港現實情況和利益，是保持香港國際金融中心等獨特地位的重要制度和依託。二，香港要緩解、解決社會積累多年的深層次矛盾和問題，需要特區政府負上主體責任和中央的支持。李家超提出了「以結果為目標」的施政綱領，努力解決貧富差距、土地房屋等長期桎梏香港發展的社會問題。中央政府支持香港積極穩妥地推進改革，破除利益固化的藩籬，充分釋放社會蘊藏的巨大創造力和發展活力。香港長期以來奉行「大市場，小政府」和積極不干預的自由經濟政策，但面對內外形勢的變化，特別是外部風險和內部矛盾，有必要改變治理理念、思維和實踐，以發揮政府在治理中的積極角色。習近平主席要求香港把有為政府和高效市場更好地結合起來，以提高治理水平，這正是解決社會深層次矛盾的戰略性思維。三，未來香港具有強大的發展動能空間，特別是北部都會區的開發建設和國際創科中心發展等，將為香港提供數十年的發展動能。建設北部都會區，將使香港未來獲得巨大的發展動能和空間，與港島都會區形成雙中心的發展新格局。

第四，功能性條件讓香港面臨複雜和充滿不確定性的國際環境下，仍能以自身優勢謀得與國際互聯互通。受全球政治經濟環境變化、逆全球化趨勢以及西方部分國家干預香港事務，並對香港進行制裁等影響，香港與國際，特別是與西方的互動循環有所減弱。在這種情況下，香港既面臨重大的戰略機遇，也面臨前所未有的挑戰。香港需加強自身發展和融入國家發展大局，同時繼

續以自身獨特優勢，謀求發展及與國際社會的互聯互通。中央也全力支持香港拓展便捷的國際聯繫，支持香港與世界各地開展更廣泛、更緊密的交流合作。首先，香港同國際規則順暢銜接，未來在中央支持和協助下，可繼續通過與其他國家和地區簽訂雙邊自由貿易協定、加入 RCEP 等國際自由貿易組織等多元方式，參與國際、地區、多邊和雙邊的經貿發展，擴大香港與國際的聯通和互動，進而提升國際地位和發展空間。其次，香港的自由經濟環境和競爭力仍保持世界前列，營商環境仍受到國際投資者的青睞。在吸收外來直接投資方面，位列世界前列。2020 年，香港位列全球第三大外來直接投資目的地。全球資本在香港具有深厚的投入和佈局，香港也可以為國際資本提供更好的機會和收益。未來，香港應繼續善用國際資本，吸納更多國際人才，為國際商業提供更好的交流互動平台。再者，香港正努力加強制度創新，以提升自身國際競爭力。比如特區政府正在研究在機場實施「一地兩檢」的可行性，以進一步提升國際航空樞紐地位。最後，積極拓展國際互聯互通。2023 年以來，香港證券交易所分別在倫敦和紐約設立了辦事處，加上此前在新加坡、北京、上海設立的辦公室，形成了全球五大核心城市佈局，以吸納更多海外企業資本或中概股來港上市。另外，香港特區政府在日內瓦、布魯塞爾、倫敦、柏林、華盛頓、紐約、三藩市、多倫多、悉尼、東京、新加坡、雅加達、迪拜、曼谷設立了經濟貿易辦事處，積極促進與有關國家和地區的經貿關係。特別近年加強與東南亞和中東地區的合作，以拓展新的國際網絡和發展機會。未來，香港還要加強與金磚機制（BRICS）、「全球南方」（Global South）等國家的

合作，以拓展更大的發展空間。

　　香港發展具有的幾個戰略性有利條件互為依託，相互支撐。戰略性條件與策略性發展是辯證統一，要把發展戰略的堅定性和靈活性結合起來，善用戰略性有利條件，形成新的競爭優勢，才能更好地推動突破性發展和「一國兩制」在香港的高質量實踐。

第五節　　未來「一國兩制」在香港的高質量實踐

　　「一國兩制」在香港的探索型實踐，為「一國兩制」進入高質量實踐階段提供了重要的經驗和教訓。高質量實踐階段既要直面挑戰和風險，也要繼續加強制度體系的建設，提高政府施政效能，聚焦解決社會矛盾。

　　第一，高質量實踐需要持續完善「一國兩制」制度體系。「一國兩制」是一項重要的國家政治制度，是國家戰略性、長期性的政策方針。自提出以來，「一國兩制」在國家政治制度中的重要性不斷提升。1997 年和 1999 年，隨着港澳回歸，「一國兩制」從國家統一制度向國家治理制度轉變。中共十八大以來，以習近平總書記為核心的黨中央，就新形勢下堅持、發展和完善「一國兩制」制度，作出一系列重要論述，為推進「一國兩制」實踐行穩致遠提供了根本遵循。從中國共產黨成立 100 多年、新中國建立 70 多年和改革開放 40 多年的歷史發展進程中給「一國兩制」的定位可以看出，中央是把「一國兩制」與中國共產黨、新中國和

改革開放的命運連接在一起。不容迴避的是，「一國兩制」作為一個新生理論，在實踐中出現新問題、新挑戰是正常的。在實踐中應不斷完善「一國兩制」制度體系，使其更具生命力，更具吸引力。2021 年 12 月 23 日，國家主席習近平會見赴京述職的香港特首林鄭月娥時說，中央將繼續堅定不移貫徹「一國兩制」方針。我們堅信，隨着實踐不斷深入和制度體系不斷完善，「一國兩制」的優越性將進一步彰顯。[8]

　　要實現「一國兩制」高質量實踐，必須持續完善制度體系，以提供高質量的制度保障。一是堅持「兩個根本宗旨」，即堅持維護國家主權、安全、發展利益，堅持維護香港長期繁榮穩定。二是堅持「三個落實」，即落實中央對香港特別行政區全面管治權，落實特別行政區維護國家安全的法律制度和執行機制，落實「愛國者治港」原則。三是堅持「三個有機結合」，即把堅持「一國」原則和尊重兩制差異、維護中央對特別行政區全面管治權和保障特別行政區高度自治權、把發揮內地堅強後盾的作用和提高特別行政區自身競爭力有機結合起來。確保「一國兩制」方針不會變、不動搖，確保在香港的實踐不變形、不走樣。四是堅持「四個實踐規律」，即必須全面準確貫徹「一國兩制」方針，必須堅持中央全面管治權和保障特別行政區高度自治權相統一，必須落實「愛國者治港」原則，必須保持香港的獨特地位和優勢。[9]

8　〈習近平會見來京述職的林鄭月娥〉，《人民日報》，2022 年 5 月 10 日。

9　習近平：〈在慶祝香港回歸祖國 25 周年大會暨香港特別行政區第六屆政府就職典禮上的講話〉，《人民日報》，2022 年 7 月 2 日，第 2 版。

第二，「一國兩制」高質量實踐需要抵禦百年變局的風險和挑戰。當前，世界百年未有之大變局正加速演進。和平與發展的時代主題面臨嚴峻挑戰，經濟全球化遭遇逆流，大國博弈日趨激烈，世界進入新的動盪變革期，不穩定、不確定的因素明顯增多，正在增加發生重大國際衝突的可能。大國博弈、地緣政治衝突、逆全球化令國際形勢惡化。國際形勢的重大變化，特別是國際形勢變化帶來的風險和挑戰，對「一國兩制」的實踐帶來難以預計的不確定性。「一國兩制」在香港的實踐受到百年變局的影響，正在向縱深推進。近年來，香港經歷「修例風波」、新冠疫情、大國博弈、地緣衝突、逆全球化等的衝擊和影響。與此同時，西方打「香港牌」，試圖通過干預中國香港事務，遏制中國發展。中央政府反制西方干預香港事務的最大舉措，就是頂住西方的壓力，制定並實施了《香港國家安全法》，修改並完善香港的選舉制度。這些舉措從制度、政策上壓縮了西方通過代理人介入香港事務的空間，從法律上和心理上對外部勢力在香港的活動形成震懾，對外部勢力幾十年來「習以為常」的行為更有威懾力。

面對世界百年未有之大變局，「一國兩制」在香港的實踐必然面臨更多的風險挑戰，香港要有危機意識，備豫不虞，練好「內功」，以迎接挑戰。外部勢力不會放棄藉助介入中國香港事務，達至遏制中國的目的。未來香港在「一國兩制」實踐過程中，仍面臨各種各樣的外部勢力介入，包括制裁、中斷部分合作、輿論施壓、為亂港勢力提供庇護等。與此同時，西方國家在香港具有較大規模的存量利益以及利益增量，介入中國香港事務的力度也受平衡經濟利益的制約。

第三，需要提升香港的施政效能，達至「一國兩制」高質量實踐。提升管治效能是高質量實踐的重要支撐。中央從國家層面完善香港選舉制度，落實「愛國者治港」原則，重新構建選舉委員會並增加其賦權和職能，有利落實行政主導，強化行政長官在特別行政區治理中的核心地位和權威，提升香港特區的管治效能。香港特別行政區完善選舉制度之後，2021 年 9 月香港特別行政區選舉委員會選舉、2021 年 12 月第七屆立法會選舉和 2022 年 5 月第六任行政長官選舉先後成功舉行，標誌着以「愛國者治港」為原則的新選舉制度在香港全面落實。未來，要聚焦愛國愛港力量的建設，提升管治水平和效能，推動香港實現良政善治，為高質量實踐提供支撐。2021 年 7 月 16 日，夏寶龍在《香港國安法》實施 1 周年回顧與展望專題研討會上的講話中，提出了管治者的「五個善於」要求：即善於在治港實踐中，全面準確貫徹「一國兩制」方針；善於破解香港發展面臨的各種矛盾和問題；善於為民眾辦實事；善於團結方方面面的力量；善於履職盡責。[10] 因此，實施《國安法》和完善選舉制度之後，香港政治社會發展趨於穩定，呈現由亂及治轉向由治及興的發展趨勢。當此之際，提升政府管治效能，推進經濟社會發展，改善民生是當務之急。提高施政效能要從多方面着力。比如：建立政治人才培養機制，加強培養愛國愛港的政治人才，特別是系統化、梯隊式

10　夏寶龍：〈全面深入實施《香港國安法》　推進「一國兩制」實踐行穩致遠〉，《紫荊》，2021 年 8 月號，https://www.hmo.gov.cn/xwzx/zwyw/202107/t20210730_22781.html，上網時間：2022 年 4 月 10 日。

的培養體系；加快特區政府的管治效能建設，發揮現有優勢，彌補潛在不足，強化行政長官在特別行政區治理中的核心地位和權威，以提高施政效能。

第四，高質量實踐需要聚焦解決香港社會的主要矛盾。進入新時代後，內地社會的主要矛盾已經轉化為人民日益增長對美好生活需要和不平衡、不充分的發展之間的矛盾。當前香港社會的主要矛盾是甚麼呢？儘管香港社會存在着各種各樣的矛盾，包括民主發展、經濟發展、社會問題等等，但回歸以來很長一段時間，社會主要矛盾集中在政治安全問題上，影響「一國兩制」的實踐。政治安全的主要矛盾體現在中央要建設一個真正實行「一國兩制」、港人治港、高度自治並保持長期繁榮穩定的香港，但反對勢力及其背後的外部勢力則企圖把香港變成一個獨立或半獨立的政治實體，變成一個反華反共的橋頭堡，讓外部勢力牽制和遏制中國發展。香港政治生態中的亂象和一些社會矛盾，都是由這個主要矛盾造成的。近年來，一直干擾香港社會發展政治問題和國家安全問題得到基本解決，社會矛盾的焦點發生轉向，社會更加聚焦經濟民生問題。實際上，長期以來香港經濟結構的不平衡，令增長成果的分配嚴重不均，收入差距加劇、生活成本上升與勞動所得增長的差距顯著擴大，這一社會的矛盾聚焦在發展與分配之間。長期積聚經濟矛盾，容易引發民眾不滿，成為社會易燃易爆的焦點，引發動盪，也容易被外部勢力所利用。當前，香港社會主要矛盾轉向經濟、社會、民生問題。據此，我認為當前香港社會的主要矛盾已經由政治安全矛盾，轉變為民眾對美好生活的追求與長期困擾香港發展的各類深層次矛盾和問題無法得到

有效解決的矛盾。

應對香港社會主要矛盾的重點，在於抓住矛盾的主要方面。一是要強化經濟社會的發展動能，加大解決深層次矛盾的力度，提高政府的施政效能，增加社會需求的供給，逐步緩解民眾的焦慮。二是特區政府要着力解決住房、就業、醫療、貧富懸殊等各種深層次問題，以提高港人的幸福感、獲得感和安全感，同時有助提升港人對國家的認同感和歸屬感。三是推動香港社會和政府形成以「人民為中心」的發展理念，促進政府承擔、履行發展經濟和改善民生的主體責任，切實解決桎梏香港發展的深層次結構性矛盾，維護社會穩定和發展。

第六節　「一國兩制」在香港高質量實踐的聚焦

推動高質量實踐需要處理好三大關鍵問題，即把穩定、發展和善治統一於高質量實踐進程中，實現維護國家主權、安全、發展利益，維護香港繁榮穩定，有效解決長期困擾香港的各類深層次矛盾和問題。

第一，穩定。穩定是發展的基礎。不僅是安全穩定、社會穩定、人心穩定，更是「一國兩制」的穩定實踐。確保香港社會穩定，既是維護國家主權、安全、發展利益的基礎，也是香港社會發展和善治的基礎。《香港國家安全法》的制定和實施、選舉制度的完善和實施，為香港的安全穩定提供了法律和制度保障，而

落實「愛國者治港」原則則為安全穩定提供了社會基礎。但這並不意味一勞永逸。隨着香港內外形勢的變化，香港仍面臨多方面的威脅。香港社會的穩定需要法律制度的保障，但僅有法律制度是不夠的，還需要以發展促進穩定，以發展支撐社會穩定。社會穩定是發展的前提，社會穩定也需要發展來支撐。2019年「修例風波」引發的社會動亂表明，穩定對社會是何其珍貴。未來實現高質量實踐時，更需要各方面的穩定。2020年5月，全國人大通過的《全國人民代表大會關於建立健全香港特別行政區維護國家安全的法律制度和執行機制的決定》，是構建維護國家安全制度的基礎。一是繼續完善法律，包括《基本法》第二十三條規定的國家安全立法，以及其他涉及安全範疇的法律制度保障。二是加強教育，以《憲法》、《基本法》和《國安法》為核心，促進國家安全教育，重振法治的核心價值。三是化解影響穩定的風險。穩定不僅僅是國家安全。國家安全也並不只限於政治，經濟和社會的矛盾同樣影響穩定。維護國家安全，必須做好維護社會和諧的工作，預防並化解社會矛盾，從制度、機制、政策、工作上積極化解社會矛盾。四是把解決香港社會的深層次矛盾，作為維護穩定的重要條件。從源頭上化解社會矛盾，才能有長久穩定的基石。

　　第二，發展。「一國兩制」高質量實踐需要高質量的發展。一是香港自身的高質量發展。香港中評智庫大數據中心通過對社交媒體以及多項經濟數據觀測分析得出，近幾年來，在「修例風波」與疫情雙重衝擊下，香港整體經濟走勢呈現疲態。經濟低迷，香港市民對經濟前景的悲觀情緒瀰漫，香港正面臨前所未有

的民生經濟風險。[11] 香港要實現高質量發展，就必須促進各方面的發展動能，強化支柱產業的升級和轉型（支柱產業也面臨挑戰和壓力），擴大新型經濟產業的發展（新而不強），推動創新科技的轉化應用，以發展縮小貧富差距。二是與內地的高質量融合發展。全球化在西方遭遇逆流，西方反全球化和保護主義上升，而內地加大開放力度，高舉全球化大旗，成為全球化的中心。融入國家發展大局，不是要完全依賴、依靠國家和內地，首要在於實現自身的高質量發展。香港融入以粵港澳大灣區為代表的國家發展，不是把自身青年的就業、住房等問題推到內地，而應以融入國家發展為契機，解決自身的問題。與內地的高質量融合發展，在於從制度、政策等方面為兩地的合作發展提供便利，利用「一國兩制」的優勢實現雙贏和多贏。三是提升香港社會對「一國兩制」框架下高質量發展的認識。「一國兩制」不應在有形和無形中成為限制香港發展、制約與內地融合發展的藩籬，而應在框架內實現突破性發展，特別是從思維上改變限制，以獲得發展優勢。過往，香港的發展往往以「一國兩制」為由卻步，比如在西九龍站實施「一地兩檢」造成社會巨大的爭議。現在香港社會已經有所改變，比如香港特區政府表明，會在國際機場實施「一地兩檢」，以提升國際機場的清關效率和旅客體驗，鞏固和加強國際航空樞紐定位。港珠澳大橋以及其他方面也可以突破制度和政

---

11 〈中評數據：民生經濟風險 前所未有〉，思考香港，2022 年 4 月 4 日，https://www.thinkhk.com/article/2022-04/04/54801.html ，上網時間：2022 年 5 月 10 日。

策的禁錮。四是發展應以人民為中心。民生始終是市民最關注的重點，政府未來五年應聚焦於經濟和民生議題。2022 年 5 月，香港羣策匯思的民意調查顯示，有 73.5% 受訪者認為，新一屆特區政府施政重點應是改善市民住房狀況，反映市民最關心房屋問題。解決土地和房屋問題，需要政府絕對主導，以突破性方式進行大規模房屋建設，才能切實緩解住房問題。

第三，善治。選舉制度改革後，「愛國者治港」原則具有制度和政策保障，民眾對愛國者治港的期待就轉向了治理效能和善治。治理效能是關鍵，直接關係着民眾對政府的信任和對社會的期待。一、落實「愛國者治港」原則是香港實行良政善治的基礎。雖強調愛國者治港，但並不代表愛國愛港者就能治港、就有能力治港，治港者的能力對於治理效能至關重要。提高愛國愛港者，特別是政府的管治效能、完善治理體系，實現治理體系和治理能力的現代化是未來的重大任務。賢能的愛國者才能實現善治，聚焦香港社會的主要矛盾，發揮能動性，提高施政效能，治理經濟社會發展中積聚的問題，以人民為中心。二、政府施政要適應內外政治環境的變化，要有戰略前瞻，提前部署。內外形勢的多變、複雜和不確定性，導致傳統的技術性制定公共政策已經越來越不能適應形勢的變化，在某種情境下還落後於形勢變化。實現善治就必須提高各部門協同配合的能力，提高行政效率，為改善民生作出實際貢獻。李家超在競選行政長官時，已經提出「以結果為目標」，致力解決問題，提升施政效率，加強管治效能，提升市民的幸福感。三、中央高度關注香港改善民生和社會治理，支持香港破解深層次、結構性的社會問題。中央採取多種措施，

為香港解決經濟社會問題提供便利和空間。香港要實現良政善治，既要倚靠管治團隊積極作為，也要靠社會力量和市場力量發揮作用。

第七節　高質量實踐的理論建設與戰略運籌

隨着「一國兩制」在香港的實踐不斷發展，特別是進入高質量實踐階段後，需要持續地在理論和制度上對「一國兩制」予以完善，形成對「一國兩制」理論和實踐的規律性認識，推動「一國兩制」的理論創新和戰略運籌。

第一，高質量實踐的理論建設要建基於回歸前 18 年（1979—1997）的制度設計期和回歸以來「一國兩制」探索型實踐期的正反經驗。習近平總書記在深入闡述如何把握國際形勢時提出，要樹立正確的歷史觀、大局觀、角色觀。同樣，我們認識「一國兩制」，推進理論建構也要從歷史中尋找依據，樹立歷史觀、大局觀和角色觀，從歷史邏輯中探索未來的發展脈絡。歷史智慧與現代實踐是相輔相成的。未來「一國兩制」的實踐不但要從回歸前 18 年和回歸後 25 年的探索型實踐中尋找智慧，而且需要從更長的歷史週期中尋找智慧，指導未來的實踐。未來在高質量實踐進程中，仍面臨內外形勢在廣度、深度、維度等方面的不確定性，這對「一國兩制」實踐進程提出更多、更高的要求。一，高質量實踐需要更具戰略性、前瞻性的科學評估與預測未來的變局。

二，從香港、澳門的實踐和台灣模式中，豐富和發展理論與實踐。三，學界要為解決實踐中出現的各種問題、挑戰提供智慧，發揮建設性作用。從歷史、理論、比較和實踐的角度，戰略性、前瞻性、創新性地研究「一國兩制」，為新的實踐和發展，為國家和特區兩個層面的治港理政提供科學見解，為黨和政府的科學、民主、依法決策提供諮詢服務，推動實踐與理論的轉化，以理論創新更好地指導實踐。

第二，「一國兩制」高質量實踐的框架結構，應與民族復興進程的兩個十五年規劃相結合。中共十九大把國內未來 30 年發展分為兩個階段，第一階段（2020—2035 年）要在全面建成小康社會的基礎上，基本實現社會主義現代化。第二階段（2035 年—本世紀中葉）要在基本實現現代化的基礎上，再奮鬥 15 年，把中國建成富強、民主、文明、和諧、美麗的社會主義現代化強國。對於「一國兩制」的高質量實踐而言，第一階段，也就是 2035 年前，應繼續從制度、政策上對香港回歸前遺留下來，以及實踐「一國兩制」以來出現的問題進行規制。一是維護國家安全的制度建設，包括《基本法》二十三條立法。二是香港應着力緩解、解決社會中深層次、結構性的矛盾。三是鞏固和提升香港國際地位，特別是國際金融中心的地位。四是推動香港與內地的融合發展，特別是在粵港澳大灣區建設中，取得重大成效。五是人心回歸，包括建立與「一國兩制」相適應的健全教育體系。第二階段包含了跨越「一國兩制」、五十年不變的 2047 年。一是為 2047 年之後繼續實行「一國兩制」創造條件。二是香港政治、經濟社會環境使香港具備普選的條件，按照《基本法》的規定實行行政

長官和立法會的普選。中央政府將按照《憲法》、《基本法》和全國人大及其常委會的決定，不斷發展和完善符合香港實際情況的民主制度。並與香港社會各階層、各界別、各方面的人士，一同為最終實現行政長官和立法會議員普選的目標而努力。[12] 三是香港的資本主義體系，在社會層面的和諧發展。四是香港與內地的融合，達到「一國兩制」結構下的一體化水平。

第三，「一國兩制」高質量實踐的戰略運籌，要實現全面管治權和高度自治權的高質量結合。就中央政府而言，中央既要落實對香港的全面管治權，也要落實對高度自治的全面監督權，使全面管治權和高度自治權實現高質量的有機結合。中央對特別行政區擁有全面管治權，對特別行政區的高度自治權具有監督權，而這種監督權在「一國兩制」框架下也是全面的。比如，從 1997 年至 2022 年行政長官的年度述職來看，述職內容包括特區在政治、經濟、社會等方面的發展情況和問題，就是中央行使全面監督權的一種體現。這並不意味着中央要直接干預特別行政區的高度自治，也不意味中央要隨意行使監督權，更不意味中央要代替特別行政區政府進行治理和施政。特別行政區是高度自治的主體，中央對高度自治的監督，在於推動高度自治的成效和管治效能，而不是對高度自治出現的問題視而不見、置若罔聞。就香港而言，經歷「修例風波」和新冠疫情的衝擊後，只有切實提高高度自治的效能和水平，才能更有效地緩解經濟、民生問題，解決

12　國務院新聞辦公室：《「一國兩制」下香港的民主發展》白皮書，北京：人民出版社，2021 年。

阻礙香港發展的問題，為「一國兩制」的高質量實踐提供基礎。

第八節　結語

　　落實中央對特別行政區的全面管治權，落實「愛國者治港」原則，其最終目標是實現「一國兩制」的高質量實踐。未來「一國兩制」實踐的內涵和質量具有重要的戰略意義，其實踐進程與中華民族的偉大復興密切相關。「一國兩制」高質量實踐需要從破解發展痼疾、創新體制機制、提升施政效能、完善實踐形式等多維度、多視角綜合進行，形成新時期推動高質量實踐的合力。中央的全面管治權和特區的高度自治權既需要有機結合，也需要有機融合，這是「一國兩制」高質量實踐在制度和政策層面的關鍵。高質量實踐為五十年不變的 2047 前途提供了必要選項。對北京而言，五十年不變的期限是一個承諾，也是一份對未來的期許。[13] 2047 的所謂「一國兩制」大限，究竟是歷史的終結，還是見證「一國兩制」持續創新。這既要看國家長遠的發展，也視乎香港能否發揮「國家所需，香港所長」的特殊作用，以及其制度和軟力量是否為世界所重視。[14] 對於這些憂慮，高質量實踐的「一

13　閻小駿：《香港治與亂：2047 的政治想像》，香港：三聯書店（香港）有限公司，2015 年，第 238 頁。

14　張炳良：《二次過渡 —— 香港 2020 政局反思：危機與前路》，香港：中華書局，2021 年，第 174 頁。

國兩制」在 2047 年之後還有改變的必要嗎？答案顯而易見、不言自明。

第四章

「一國兩制」高質量實踐面臨的內外環境變化

香港回歸二十多年來，面臨的世界局勢正發生非常複雜的演變，國家的發展正經歷深刻的變革。香港本身也正經歷「一國兩制」實踐中期的十字路口。如何在世界百年未有之大變局中認識香港問題，如何在中華民族偉大復興進程中認識香港問題，如何在社會主義與資本主義競合並存中認識香港問題，以及如何在中美關係視角下認識香港問題，是當前認識、理解、判斷「一國兩制」在香港實踐的多維鏈接。香港實踐「一國兩制」面臨的內外因素是多維的，內外因素之間的鏈接、互動對「一國兩制」在香港的高質量實踐產生影響和效應。因此，我們必須以發展和多維的視野來認識「一國兩制」在香港的實踐。

第一節　「一國兩制」與百年未有之大變局

「一國兩制」在香港的實踐面對世界百年未有之大變局。百年未有之大變局的最大變化，就是以中國為代表的新興市場國家和發展中國家群體性崛起，從根本上改變了國際力量對比。[1] 世情、國情、港情都在發生變化。百年未有之大變局下，世界、中國、中國香港之間的互動呈現出新的特點和趨向。由於香港的特殊歷史、國際地位，主要國家在香港擁有的利益等因素，香港在

1　　國務院新聞辦公室：《新時代的中國與世界》白皮書，北京：人民出版社，2019 年。

複雜變局中的地位、角色和作用也在變化。中央政府對香港的政策、「一國兩制」在香港的實踐更加引起國際社會的關注。在變局中，中央政府如何貫徹「一國兩制」政策，香港如何長期實踐「一國兩制」，港人如何增加對「一國兩制」的認同，是不可迴避的課題。

變局下，世界面臨越來越多傳統安全和非傳統安全的挑戰，這些問題正在改變人類社會和國際格局。大變局下，全球化仍是大趨勢，但在其中伴隨着局部的、某些領域的去全球化。全球化進程仍會持續，但全球化的規模、力度、內容、形式和前景存在更多不確定和不穩定因素。大變局下，各種社會思潮擴散，民粹主義、民族主義、排外主義、優先主義、單邊主義等相互疊加，威脅着國際秩序和國際合作。特朗普政府表現出的政策隨意、多變，甚至要挾、恐嚇、衝擊已有的國際秩序，導致美國的威信和權威下降。美國雖然仍是一個全球超級大國，但對國際秩序、全球治理的擔當和責任意願下降。包括其盟國在內的國際社會希望尋求更加平衡的政策。新冠疫情加速了國際秩序的調整，加快了百年巨變的進程，同時也對全球治理進程產生重要衝擊。美國外交家基辛格甚至認為，新冠病毒大流行將永遠改變世界秩序。[2]中國進入中國特色社會主義的新時代，中國從「站起來」、「富起來」進入「強起來」。當代中國的歷史方位處於三個前所未有的時期，即「我們前所未有地靠近世界舞台中心，前所未有地接近

2　Kissinger, Henry, The Coronavirus Pandemic Will Forever Alter the World Order, *The Wall Street Journal*, April 3, 2020.

實現中華民族偉大復興的目標，前所未有地具有實現這個目標的能力和信心」。中國不斷崛起成為世界大國，國際影響力大幅提升，國內大小事務都會引起國際社會關注。但與此同時，中國也面臨各種重大風險與挑戰。

國際因素是「一國兩制」在香港實踐的重要因素，國際因素的新變化、新特點、新趨勢直接影響「一國兩制」在香港的實踐。在某種情況下，國際因素促進「一國兩制」，推動香港繁榮穩定；但同時也會成為破壞「一國兩制」、危害香港繁榮穩定的因素，成為干預香港事務的外部勢力。香港是一個國際化程度非常高的國際大都市，很多國家在香港擁有大量利益，加之香港與國際社會的高度互動網絡，國際因素在香港的重要性遠遠高於國際上絕大多數城市。隨着國際大格局和國際環境的變化，國際因素在「一國兩制」在香港實踐中的作用和角色的分量在加大，國際因素也成為影響「一國兩制」在香港實踐的兩個根本宗旨的要素之一。當前，「一國兩制」的實踐在國際上面臨的挑戰，是如何讓國際社會對香港、對「一國兩制」更加有信心，從而發揮國際因素的正面積極作用，同時又能遏制那些試圖破壞「一國兩制」的因素，有效管控國際消極因素。

隨着國際形勢的變化、中國的發展變化以及中國香港的變化，中國對「一國兩制」內涵的理解也與時俱進。多年的實踐證明，「一國兩制」是香港和國家競爭力的突出體現。國家實力的增強，既是對「一國兩制」有效的驗證，也是對「一國兩制」持續的保證。香港對國家的發展具有戰略重要性，這種戰略重要性不僅體現在經濟、金融領域，在政治、外交、安全等方面也有着戰

略重要性，不能單以 GDP 來看待香港。從香港、澳門實踐「一國兩制」的經驗來看，「一國兩制」提升了兩地的國際地位和影響力，增強了香港、澳門與國際社會的聯繫，維持了繁榮穩定。「一國兩制」既是國家治理的制度和政策設計，也是中國為世界提供的全球治理公共產品，為處理特殊的中央和地方關係、一國之內不同制度的並存提供了治理樣本，對構建全球人類命運共同體具有重要的參考和借鑑意義。

第二節 「一國兩制」與復興進程新時代

「一國兩制」的實踐面對中華民族偉大復興之新時代。「一國兩制」實踐的過程，正好伴隨着中華民族的偉大復興進程。中華民族的偉大復興為「一國兩制」的成功實踐提供了平台和保障，「一國兩制」的成功實踐又為中華民族的偉大復興發揮獨特作用和助力。2023 年 3 月，十四屆全國人大一次會議上，習近平主席從強國建設、民族復興的戰略全局出發，對扎實推進「一國兩制」實踐和國家統一大業提出明確要求，指出「推進強國建設，離不開香港、澳門長期繁榮穩定」。「一國兩制」與民族復興相輔相成、有機結合。但不容迴避的是，「一國兩制」實踐過程中出現的危害國家安全的問題，也正在干擾中華民族偉大復興的進程。

「一國兩制」事業是中國特色社會主義的重要組成部分，是

國家治理體系和治理能力現代化的重要體現，是中華民族偉大復興中國夢的重要內容。[3] 2017 年 7 月 1 日，習近平主席在慶祝香港回歸祖國 20 周年大會暨香港特別行政區第五屆政府就職典禮上的講話中指出，「回到祖國懷抱的香港已經融入中華民族偉大復興的壯闊征程」，「不斷推進『一國兩制』在香港的成功實踐，是中國夢的重要組成部分」。[4] 中國夢的核心是實現中華民族偉大復興，因此，「一國兩制」與中華民族的偉大復興緊密結合在一起，香港的前途與祖國的命運緊密結合在一起。[5] 2017 年 10月，中國共產黨十九大報告進一步論述了「一國兩制」與民族復興的關係。一方面，十九大報告把「堅持『一國兩制』和推進祖國統一」作為新時代堅持和發展中國特色社會主義 14 條基本方略之一。報告指出，保持香港、澳門長期繁榮穩定，實現國家完全統一，是實現中華民族偉大復興的必然要求。另一方面，香港、澳門的命運同國家的命運緊密相連，在中華民族偉大復興的道路上不能缺少了港澳同胞。十九大報告指出，要「讓香港、澳門同胞同祖國人民共擔民族復興的歷史責任、共享祖國繁榮富強的偉大榮光」、「實現中華民族偉大復興，是全體中國人共同的夢想。只要包括港澳台同胞在內的全體中華兒女順應歷史大勢、

3　張德江：〈堅定「一國兩制」偉大事業信心 繼續推進《基本法》全面貫徹落實 —— 在紀念《中華人民共和國香港特別行政區基本法》實施 20 周年座談會上的講話〉，《人民日報》，2017 年 5 月 28 日，第 3 版。

4　習近平：〈在慶祝香港回歸祖國 20 周年大會暨香港特別行政區第五屆政府就職典禮上的講話〉，新華社，2017 年 7 月 1 日。

5　張建：〈「一國兩制」與中國現代國家歷史進程 —— 以香港特別行政區實踐「一國兩制」為視角〉，《港澳研究》，2019 年第 1 期，第 51-60 頁。

共擔民族大義，把民族命運牢牢掌握在自己手中，就一定能夠共創中華民族偉大復興的美好未來！」[6]中央對堅持和完善「一國兩制」制度體系不斷作出重要部署，在中華民族偉大復興進程中，如何在「一國兩制」下治理好實行資本主義制度的香港、澳門，是共產黨治國理政需長期面臨的一項重大課題。[7]

　　香港實行「一國兩制」，國家是巨大的受益者，香港的繁榮穩定符合國家的利益。香港為國家迅速成長為世界第二大經濟體作出巨大貢獻，也為中國與西方的互動提供了一個比較適合的平台、窗口和渠道。2018 年 11 月，習近平總書記在會見港澳各界慶祝國家改革開放 40 周年訪問團時指出：「在國家改革開放進程中，港澳所處的地位是獨特的，港澳同胞所作出的貢獻是重大的，所發揮的作用是不可替代的。」這無疑包括了香港實行「一國兩制」以來，對國家改革開放的重要貢獻。習近平總書記還將港澳對國家的貢獻，總結為「投資興業的龍頭作用、市場經濟的示範作用、體制改革的助推作用、雙向開放的橋樑作用、先行先試的試點作用、城市管理的借鑑作用」。[8]香港實行「一國兩制」對內地帶來眾多好處，為何要將它變為「一國一制」？西方指責中央政府試圖要將香港「一國一制」，那豈不是中國要將下金蛋

6　習近平：《決勝全面建成小康社會　奪取新時代中國特色社會主義偉大勝利 ── 在中國共產黨第十九次全國代表大會上的報告》，北京：人民出版社，2017 年 10 月。

7　張曉明：〈堅持和完善「一國兩制」制度體系〉，《人民日報》，2019 年 12 月 11 日。

8　〈習近平在會見香港澳門各界慶祝國家改革開放 40 周年訪問團時的講話〉，人民網，2018 年 11 月 13 日。

的雞殺掉？中國不可能主動毀掉「一國兩制」，也不可能主動破壞香港的繁榮穩定，更不可能在香港損害國家利益。中央政府在香港實行「一國兩制」的根本宗旨就是維護國家主權、安全、發展利益和香港的繁榮穩定。民族復興還有很長的路要走，需要香港發揮重要的角色和作用。目前，一些關於替代香港的論調，低估了香港繼續發揮作用的潛力。實際上，從多個指標來看，香港仍是不可或缺、難以替代的。基於此，國家發展在更長時間還要充分利用、充分重用香港的優勢，為中華民族的偉大復興提供助力。一方面，「一國兩制」要把握民族復興的重大機遇，另一方面，民族復興進程中國家更需要「一國兩制」，必須治理好「一國兩制」下實行資本主義的香港。

過去多年，愈演愈烈的危害國家安全的行為令「一國兩制」在香港的實踐變形、走樣，嚴重威脅國家主權、安全、發展利益，甚至威脅中華民族的偉大復興進程。部分香港人對「一國兩制」的詮釋與中央差距甚大，香港內部政治對立和鬥爭無法止息，甚至發生大規模動亂。部分香港人對中央長期抱持牴觸情緒、本土分離主義抬頭、外部勢力伺機介入香港事務，都對「一國兩制」構成干擾，損害國家和香港的利益。[9] 2019 年發生的「修例風波」是香港回歸以來面臨最嚴峻的形勢，其抗爭規模、暴力烈度、範圍廣度都是史無前例的。美國學者指出，「一國兩制」絕不是為了讓中國香港脫離中國的控制，根據《基本法》，中國政府保留

9　劉兆佳，《思考香港：一國兩制的未來》，香港：商務印書館，2020 年，第 ii 頁。

了阻止任何對其核心安全利益挑戰的權力。2020年5月以來，中央在國家層面加快推進涉港國家安全立法進程，表明了中央在香港維護國家安全的決心和信心、表明中央堅持「一國兩制」的決心和信心。《香港國家安全法》將依法懲治四類犯罪行為，也就是分裂國家、顛覆國家政權、從事恐怖活動以及勾結外部勢力危害國家安全。《香港國家安全法》的落地，彌補香港在維護國家安全方面存在的漏洞和缺失，讓不設防的東方之珠能有一個更加安全穩定的環境，讓「一國兩制」在香港的實踐更加符合香港的利益，符合國家的利益。

第三節 「一國兩制」與中美博弈的新時期

「一國兩制」的實踐面臨中美大國博弈之新時期。美國將中國作為頭號競爭對手，試圖以一切手段遏制中國、打壓中國，避免中國對其構成更多挑戰，甚至超越它。整體上看，中美兩國的長期鬥爭，焦點將是科技和金融，最明顯的標誌就是美國打壓以華為為代表的中國科技企業。出於大國地緣政治鬥爭和對中國極限施壓的考慮，美國加大力度插手中國香港事務。美國在中國香港議題上遏制中國的表現，就是對各種反對勢力、抗議活動的支持，以及對中央政府在香港維護國家安全的行為進行制裁。

由中美貿易摩擦為代表的中美大國博弈、全面競爭將陷入持

久戰 [10]，中國香港成為中美另一種形式的冷戰 [11]。特朗普上台後，美國認為「中國對美國的權力、影響力和利益構成挑戰，意圖削弱美國的安全與繁榮，中國是一個修正主義國家，已經成為美國的競爭對手。」[12] 美國不會接受中國挑戰其霸權，政策全面轉向遏制中國，大國間的競爭成為現實。大國競爭成為美國國家安全戰略的主要焦點 [13]。一方面，從經貿到科技、金融、人權、新聞、國際組織等等，美國全政府、全方位對華施壓。美國政府甚至還提出黨民（中國共產黨和中國人民）分離來分化中國民眾。中美之間的關係顯著惡化，而且還持續加劇。另一方面，美國在國際層面窮盡手段打壓中國、施壓其他國家反對中國，政策是「只要不是中國，誰都行」，以此擴大反華、遏華的統一戰線。美國干涉中國內部事務，如中國香港、新疆、台灣地區、人權等。美國施壓中國延及各個層面、領域，呈現國內全政府、範疇全領域、國際全面化特徵。英國專欄作家拉赫曼（Gideon Rachman）直言，中美新冷戰正不斷為「反修例」運動火上加油，華盛頓的反

10　2020 年 2 月，新美國安全中心發佈題為《大國持久戰：初步評估》（Protracted Great-Power War: A Preliminary Assessment）研究報告，認為美國應就中國崛起展開持久戰式的長期規劃。

11　Goldman, David P., Hong Kong: A different kind of Cold War, *Asia Times*, December 3, 2019, https://asiatimes.com/2019/12/hong-kong-a-different-kind-of-cold-war/

12　The White House, *National Security Strategy of the United States of America*, Washington, D.C., December 2017, p2.

13　Department of Defense, *2018 National Defense Strategy of the United States of America*, Washington, D.C., January 2018.

華情緒已成國會兩黨之間少有的共識。[14]

　　由特朗普政府時期開始，隨着中美關係進入競爭博弈時期以及中國香港政治生態的變化，美國對中國香港事務的介入力度不斷加大。美國的中國香港政策已經從附屬於美國對華政策、注重在港經濟利益，轉向以港遏中、注重地緣政治利益。特朗普執政之前，美國政府以維護美國在中國香港的經濟利益為主，制定的涉港政策多是關於如何更好地維護美國在中國香港的經濟利益以及如何發展美國與中國香港之間的經貿關係。特朗普執政初期曾表示，中國香港局勢牽涉中國政治、經濟，可利用美國不參與中國香港暴亂為藉口向中方施壓，使北京作出貿易讓步。特朗普執政後期，美國的涉港法案和政策不再以經貿利益優先，而是更加注重中國香港的意識形態、利益價值和美國的地緣政治利益。

　　中美之間的矛盾和鬥爭加劇，特朗普政府把中國香港作為打壓中國、遏制中國的重要籌碼。近年來，美國為了施壓中國，加大介入中國香港事務力度。[15]美國通過國內立法、行政手段以及藉助一些非政府組織來介入中國香港事務。美國不但支持反對勢力癱瘓政府，還支持他們反對中央政府和共產黨。美國的介入對

14　Rachman Gideon, Hong Kong Is a Flashpoint in the New Cold War, *Financial Times*, July 29, 2019. https://www.ft.com/content/ca123574-b1d7-11e9-8cb2-799a3a8cf37b; Goldman David P., Hong Kong: A different kind of Cold War, *Asia Times*, https://asiatimes.com/2019/12/hong-kong-a-different-kind-of-cold-war/; Fong Brian C. H., Hong Kong and the US-China New Cold War, *The Diplomat,* May 16, 2019. https://thediplomat.com/2019/05/hong-kong-and-the-us-china-new-cold-war/

15　張建：〈美國對香港修例風波的介入：評估與影響〉，《統一戰線學研究》，2020 年第 1 期，第 46-53 頁。

2019 年發生的動亂推波助瀾，惡化了安全局勢。美國一而再，再而三地通過涉港法案，無論是 2019 年通過的《香港人權與民主法案》，還是 2020 年通過的《香港自治法案》，以及各種涉港決議案，旨在以國內立法為依據，強化美國介入中國香港事務的範疇和力度，藉助中國香港議題對華施壓、遏制中國。美國對中國香港事務的介入，本質上都是美國的霸權主義，以「美國優先」的行徑干涉中國內政，損害中國的利益，罔顧基本的國際關係準則。美國在中國香港議題上的所作所為不斷滑向更加危險的境地，威脅、危害中國的主權、安全、發展利益，挑戰中國的底線，可以說距離美國公開、直接支持中國香港獨立只有一步之遙。

美國極力阻擾中國政府在中國香港推進國家安全立法，通過威懾和實際制裁，特別是以取消美國給予中國香港的單獨關稅區特殊待遇，打擊國際社會對中國香港的信心和預期，影響中國香港的國際資本流動。特朗普政府宣稱中國政府推動國家安全立法全面影響到美國與中國香港的協議，包括引渡條約、出口管控和技術、旅遊簽證安排、單獨關稅區地位等。時任國務卿蓬佩奧表示，美國將採取各種措施，包括可能制裁部分中國高層官員，以及徹底終止美國在貿易、簽證、投資、出口管制等方面給予中國香港有別於中國的待遇。目的在於影響穆迪、惠譽、標準普爾等信用評級機構以及高盛、摩根大通等國際投行對中國香港市場的預期，令國際資本看低中國香港市場前景，動搖國際資本的流入。美國對中國香港進行制裁以影響國際資本對中國香港的信心和投資情緒。以香港為基地的資本受到壓力，其投資趨向也會發生變動，特別是美國有可能改變對中國香港直接投資或間接投資

的政策，以影響其他國家和財團對香港的投資取向。另外，美方認為「一國兩制」下，香港作為單獨關稅區，成為內地引進資金和技術的重要窗口，這一特殊地位對中國至關重要。美國試圖以取消中國香港單獨關稅區地位，造成民間與內地對立，最終實現動搖中國香港作為內地窗口的功能，至少是削弱內地運用中國香港作為窗口和橋樑的信心。

拜登政府將中國稱為美國 21 世紀最大的競爭對手和地緣政治挑戰。2021 年 3 月上任後發佈的《臨時國家安全戰略指南》（Interim National Security Strategic Guidance）中，直接將中國認定為「唯一有能力綜合運用經濟、外交、軍事和技術力量對穩定開放的國際體系構成持續挑戰的競爭對手」。2022 年 10 月 12 日發佈的《國家安全戰略報告》將中國視為美國面對的「最嚴重的地緣政治挑戰」（most consequential geopolitical challenge），將中國稱為唯一一個既有意願也有能力重塑國際秩序的競爭者。拜登上台以來，基於中美關係惡化及地緣政治博弈的背景，拜登政府採取以港遏中的政策。中美在中國香港議題上的主要矛盾是中國政府在中國香港維護國家主權、安全、發展的核心利益和「一國兩制」的實踐，與美國試圖在中國香港構建自由、民主、人權的價值觀之間的矛盾。拜登政府的政策推行價值觀外交，注重藉助人權議題加大對中國香港事務的干預、聯動盟友干涉中國香港事務、實施涉港制裁，「唱衰」中國香港，試圖削弱國際金融中心地位、推動「港獨」，為「港獨」分子提供支持和庇護、干擾《香港國家安全法》的實施等。特朗普政府時期通過的 2019 年《香港人權和民主法案》（Hong Kong Human Rights and Democracy Act）和 2020 年《香港自治法》（Hong Kong Autonomy Act）共同構成拜登政府對中國香港政策的基本框架和法律依據。美國通過涉港法案，以法律方式確立自身干預中國香港事務的地位和擴張干涉空間，將涉港法案作為施壓中國政府和調整美方政策的工具。

美國是影響中國香港實踐「一國兩制」的最大外部因素。必須防止、遏制、反制美國的干預，以維護國家安全。美國具有全球實力和影響力，特別是對國際經濟、金融規則的壟斷。如果美國對中國香港問題的認知上採取積極的態度，就會對「一國兩制」在中國香港的實踐發揮建設性作用，當然也會給美國自身帶來各種極大的利益。相對應的是，如果美國態度消極，並將中國香港作為籌碼、棋子，不但對「一國兩制」的實踐產生破壞性的影響，也對美國帶來極大的利益損失，至於能否在下棋、打碼的過程中達到目的，則是大國競爭的另一回事了。所以，無論是正面還是負面影響，美國是中國香港實踐「一國兩制」的最大外部因素。對於美國的挑釁行為，中國政府不會任其恣意妄為，並將堅定地維護國家核心利益。

第四節 「一國兩制」與國家安全新挑戰

「一國兩制」的實踐面臨維護國家安全之新挑戰。近年來，「港獨」的肆虐、反對勢力「攬炒」香港、「修例風波」的發生以及

外部勢力深度介入香港事務等，凸顯了香港在維護國家安全方面的法律漏洞和工作缺失，也凸顯建立健全維護國家安全法律制度和執行機制的必要性和緊迫性。回歸多年來，香港仍然沒能就中央授權的《基本法》第二十三條進行立法，給香港、給國家帶來了巨大的國際安全衝擊和隱患。香港內外敵對勢力的大肆活動已經嚴重危害國家安全、損害國家利益、衝擊香港的穩定。

本土恐怖主義行為和活動威脅國家安全。2019 年發生的「修例風波」中，一位老伯被用磚頭砸死，一位路人被淋上汽油燃燒，一位議員被用刀子刺進腹部，一位警察被用刀子割喉，來自內地的遊客被綑綁禁錮，來自澳大利亞的遊客受到圍攻，這些具有恐怖主義特徵的行為已經嚴重威脅普通民眾與遊客的安全。根據警方記錄，從 2019 年 7 月起至 2020 年 5 月，香港已發生 11 宗爆炸品案件，當中涉及外國恐怖分子經常使用的 TATP 烈性炸藥、金屬水喉及鐵釘炸彈等，更非法設立爆炸品實驗室，企圖製造威力更加強大的炸彈。2020 年 4 月 15 日，時任香港警務處處長鄧炳強接受專訪時表示，「修例風波」以來，示威者暴力不斷升級，香港已出現本土恐怖主義活動，這是香港面對最大的國家安全威脅。鄧炳強強調，社會上有部分人不但沒有譴責，反而將暴力行為英雄化，推人去犯法，自己則坐享政治紅利。香港出現的暴力行為愈演愈烈，甚至有人採用槍械及爆炸品等極端方法。這些行為本質已有本土恐怖主義的元素，嚴重威脅香港的安全、穩定。

香港出現的「港獨」活動愈演愈烈，威脅國家安全。過去十年來，香港出現了公然鼓吹「港獨」、自決、公投等分裂國家的

主張和活動，公然侮辱、污損中國國旗和國徽。少數「港獨」分子、本土激進分離勢力以「黑暴」、「攬炒」等極端手段，嚴重衝擊香港法治，破壞正常社會秩序，危害市民人身安全。「港獨」主張嚴重挑戰國家主權、安全、發展利益，挑戰「一國兩制」原則底線，嚴重傷害香港整體利益和市民的根本利益。2019 年 6 月「修例風波」以來，在外部勢力深度插手下，反中亂港勢力、激進分離勢力不惜犧牲廣大香港市民的根本利益，目的是破壞「一國兩制」損害香港的繁榮穩定，癱瘓特區政府，進而奪取特區管治權，將香港變成獨立或半獨立的政治實體，達到分裂顛覆國家、遏制中國發展的目的。2020 年 5 月 19 日，美國共和黨眾議員史葛‧佩里（Scott Perry）提出法案，要求授權總統特朗普承認中國香港是獨立國家。這確切地表明美國部分政客對中國香港分裂勢力的支持，並試圖分裂中國。

香港出現的顛覆國家政權行為和活動正威脅國家安全。2019 年 7 月 1 日，一些暴徒先是集結堵塞道路，衝擊警方防線，向警員投擲不明腐蝕性液體。在圍堵政府總部後，極端激進分子突然以極為暴力的手段衝擊香港立法會大樓，用鐵棍、鐵箱車破壞大樓玻璃外牆，用帶有毒性的化學粉末攻擊警察。暴力分子強行闖入特區立法會大樓，在裏面大肆破壞，損毀莊嚴的議事廳和特區區徽，在主席台上公然撕毀《基本法》，展示象徵「港獨」的龍獅旗，更煽動成立臨時政府。這是香港回歸以來，第一次公然佔領政府機構，發生具有顏色革命特徵的顛覆政權行為。2019 年 7 月 21 日，部分激進分子參加下午遊行後，在金鐘、中環一帶霸佔馬路。其後一些極端激進分子前往西環，圍堵、衝擊中

聯辦大樓，向國徽投擲雞蛋、墨水以及黑色油漆彈，污損莊嚴的國徽，又破壞中聯辦的安防設施，塗寫侮辱國家、民族尊嚴的字句，甚至狂言成立臨時立法會，這是公然挑戰中央政府的惡劣行為。另外，香港反對派揚言，要在 2020 年的立法會選舉中爭取過半席位，進而癱瘓香港特區政府。

外部勢力干預香港事務的行為威脅國家安全。近年來，在中國香港發生的多起運動中，揮舞美國國旗、英國國旗、「港獨」旗幟，公然乞求外部勢力介入香港事務的行為，嚴重威脅國家安全，威脅着「一國兩制」在香港的實踐。一些反對派人士長期勾結外部勢力，配合外部勢力介入香港事務的行動，甘當外部勢力的「馬前卒」。香港特區政府在 2019 年初推動修訂《逃犯條例》以來，美國時任副總統彭斯、國務卿蓬佩奧、眾議長佩洛西、國家安全事務助理博爾頓等，多次與前政務司司長陳方安生、民主黨創始人李柱銘、立法會議員莫乃光、郭榮鏗，「港獨」分子黎智英、黃之鋒等反對派分子會面，擴大修例問題，誇大修例的威脅。2019 年 5 月 15 日，李柱銘在美國國家民主基金會舉辦的論壇上，呼籲國際社會反對中國香港修訂《逃犯條例》，反對勢力盼望國際社會向港府施壓，也希望美國政府儘早發聲，希望美方正式訂立《香港人權與民主法案》。2019 年 8 月「亂港四人幫」頭目、壹傳媒集團創辦人黎智英接受 CNN 訪問時，更是乞求特朗普進一步介入中國香港事務，甚至宣稱「為美國而戰」。[16] 另

16　張建：〈美國對香港修例風波的介入：評估與影響〉，《統一戰線學研究》，2020 年第 1 期，第 46-53 頁。

外，「港獨」分子還與「台獨」分子勾連，從事分裂活動，危害國家安全。

第五節 「一國兩制」與情感連接的新變化

「一國兩制」的實踐面臨內地與香港情感互動的新變化。近年來，部分港人與內地民眾發生衝突、矛盾。這些矛盾與衝突的背後有着複雜的、多層次的文化、制度、法律等根源，也有輿論、網絡的推波助瀾。不同於回歸前以及回歸初期，兩地的交流和情感互動正面，近年來的情感互動和相互認知越趨負面，這種互動趨向影響香港與內地關係及「一國兩制」的實踐。

內地對香港的認識發生重大變化，內地民眾對香港的好感度大幅下降。內地對香港整體認識趨向負面，這是一個根本性的轉變。改革開放以來形成的內地民眾對香港的認可度、好感度在2014年「佔中」以來大幅下降，2019年修例引發動亂時處於歷史最低點。一是內地的快速發展，包括上海、北京、廣州、深圳等多個城市的 GDP 都超過香港，以前把香港當作主要學習和超趕的對象，現在則是對準紐約、倫敦、東京、巴黎。香港似乎已經成為第二檔次的國際大都市。特別是當內地東部地區物質生活大幅改善和提高後，不再將香港視作美好生活的典範，反而對香港居住條件的惡劣有所認識，認為香港已經不如內地。北京、上海、深圳等大城市的生活水平與香港日趨接近，香港與內地的經

濟、文化發展亦逐年拉近。

二是持續的政治運動讓內地對香港的觀感轉為負面，這必定會影響內地民眾的印象和香港的形象。近年來，「佔中」運動、「旺角動亂」、「修例風波」讓內地民眾對香港的觀感趨向負面，情感上對影響了幾代人的東方之珠產生疏離，內地與香港的情感連接越走越遠。內地青年一代對香港的情感寄託與父輩、祖輩相比也大幅下降。他們接觸的知識更加多元，對世界的認識更加多元。可以說幾十年來內地對香港的情感一去不復返，這直接影響內地民眾對香港的認識、對「一國兩制」的認識，也影響兩地民眾的正向互動。越來越多的內地民眾覺得那個曾伴隨他們成長的香港越來越暗淡，現在的香港已經不再是他們羨慕的那個香港，「香港、香港，已經不那麼香了。」

三是香港出現的「港獨」更是挑戰、衝擊內地民眾對國家主權的歷史情感，無法容忍這樣的事實，從而改變對香港的認知，香港這個會下金蛋的母雞變成了壞孩子。

四是內地不少輿論，包括官方媒體以及網絡上也充斥着對香港的貶斥，加之一些有影響力的人士通過公開言論批評香港的制度，相較於內地，那個優越的香港似乎已經不存在了。

五是內地民眾認為香港成為中國的法外之地。雖然內地與香港有不同的法律制度，但一些腐敗分子潛藏香港，或經香港逃往國外，一些在內地可能面臨嚴厲法律制裁的行為在香港卻逍遙法外，類似於「警察抓人、法官放人」。《人民的名義》電視劇中的望北樓，讓內地民眾極為不滿。

六是長期以來，內地與香港的矛盾進一步上升。包括反自由

行、反水貨客等針對內地的聲音。

　　七是內地發達地區雖然與香港的合作存量大、總量大，但合作對象更加多元化。內地與香港的合作還存在經濟體量、市場空間、開放程度等方面的不對稱。加之香港政局和經濟變化由於存在政治不確定性以及香港特區政府的弱勢，內地發達地區與香港合作的意願有所下降。[17]

　　香港對內地的好感度沒有因為國家的發展進步而上升，甚至出現後退，部分港人對內地的歧視可以說是深入骨髓。2003 年以來，由於自由行的推動，香港與內地的交流日益密切，大量來自內地的遊客湧入，香港與內地的矛盾也日益加劇。香港在奶粉、醫院牀位、「雙非嬰兒」（父母雙方均非香港居民的孩子）等方面，逐漸顯現資源供應不足的現象。這些現象導致了香港人對內地人的不滿和反感，先後爆發了「滅蝗行動」（香港人把大陸遊客稱為蝗蟲），和「反雙非」抗議。在這其中，有些人開始提出「香港人優先」的要求。香港社會與內地、中央政府的互動中，存在的最大問題是香港本位主義，只從自身利益出發看待中央政策、國家象徵，對中央關切的國家主權、安全、發展利益選擇性看待。

　　香港社會內部的各種焦慮情緒，影響對內地、對國家的政治取向。香港社會普遍認為，香港曾經的發展頂峯已經逝去，香港在國際、在國家發展格局中的地位下降。社會對香港未來發展前景迷茫，擔憂香港社會矛盾、生活水平相對下降，擔憂香港對於

---

17 〈香港經濟持續被邊緣化 對內地影響力已今非昔比〉，http://www.Chinare form.org.

內地物質層面的優越感喪失，制度層面和價值觀層面的優越感是否還能保存，進而在內地與香港的選擇中彷徨。這些焦慮情緒影響着港人的政治取向 —— 更加保守、更加內向，進而影響着港人對「一國兩制」的認識。香港社會的焦慮情緒部分轉化為反中、反內地情緒，「修例風波」、新冠疫情加劇了這種情緒，更加強化香港與內地的差異和區隔。

第六節　「一國兩制」與香港政經矛盾的新發展

「一國兩制」的實踐面對香港政治經濟矛盾的新發展。近年來，香港深受各種政治、經濟、社會問題困擾，各種深層次的結構性問題和矛盾存量巨大，還伴隨着新問題、新矛盾的增量。香港特區政府治理、解決這些矛盾的難度加大，而香港以及特區政府原有的一些治理理念仍然根深蒂固，更加不利解決問題，這直接影響「一國兩制」的有效實踐。

香港經濟發展長期靠外的模式動能衰退，產業結構、分配結構、階級結構呈極化現象，社會矛盾易燃易爆。與此同時，利益結構、權力結構的僵化、固化、守舊，加劇社會矛盾。回歸以來，香港主要因為自身因素（1997 亞洲金融危機和 2009 年全球金融危機出現的衰退主要是受外在經濟環境影響）陷入衰退。「修例風波」、國際經濟環境以及疫情，加之與內地的經濟互動縮減，香港經濟衰退，影響未來香港的經濟發展和社會穩定。

2019 年香港受「修例風波」的衝擊，經濟陷入十年來的結構性衰退。2020 年以來香港經濟發展又受到新冠疫情大流行的影響，陷入更大幅度的下降。香港經濟連續多年受到打擊，但與 1997 年亞洲金融危機、2003 年非典和 2008 年全球經濟危機已經大為不同。香港與內地日趨緊密的經濟和金融聯繫，是香港長遠發展的積極推動力。近年推出「一地兩檢」、港珠澳大橋、大灣區規劃等項目促進內地香港經濟一體化，香港和內地的經濟和金融聯繫日益加深，會為香港帶來龐大的經濟發展機遇。國際評級機構惠譽指出，香港與內地在經濟、金融及社會政治的聯繫正逐步加深，顯示香港正持續融入內地的管治體系，長遠可能對香港帶來制度和規管方面的挑戰。雖然惠譽的評價有所偏頗，但也在某種程度上表明香港缺乏發展的動力。

香港的兩極分化、貧富差距加劇了政治、經濟和社會矛盾，成為影響香港繁榮穩定的重要因素之一。隨着大量資本的急劇集中，香港經濟已經進入了寡頭壟斷資本主義階段，並延伸到香港經濟社會的各個方面。[18] 香港雖然是全球最自由的經濟體，在競爭力排名上也位居前列，但貧富差距已經嚴重影響社會穩定和流動。根據 2018 年 11 月數據，貧困人口上升至 137.66 萬，貧困率高達 21%。統計處發佈的數據中，2018 年堅尼系數達到 0.539，也是幾十年來的最高。據美國物業顧問公司 Demographia 發佈的《2019 年全球住房可負擔性調查報告》顯示，香港房價收入比

18　程恩富、任傳普：〈香港修例風波的政治經濟根源分析〉，《管理學刊》，2019 年第 6 期，第 1-7 頁。

高達 20.9，被稱為房價極度不可負擔的城市。英國《經濟學人》發佈的裙帶資本主義指數，即財富掌握在少數人中的比例，中國香港也是高居全球第一，這表明中國香港巨大的貧富差距。不少港人將回歸後社會出現的一系列經濟、社會問題和矛盾歸咎於中央對港政策和「一國兩制」，從而反對兩地的融合發展。

此前多年，香港內部政治力量鬥爭加劇，反對派更加激進，以各種「攬炒」扭曲香港的政治生態。香港特區政府施政不彰，社會支持度不斷下降。無論是反對派、建制派、愛國愛港陣營還是普通民眾，對行政長官、特區政府以及其他主要官員的認可度趨向負面。本土化成為香港各政治力量轉型的重點。本土化的政治力量在與中央關係、與特區政府關係以及與選民的關係上發生變化，在本身的政治綱領、發展趨勢以及選舉策略上也會進行相應的調整。本土化的政治力量也對中央管治香港和特區政府的施政帶來挑戰。另外，港台互動範圍範疇加大，「台獨」勢力長期執政衝擊「一國兩制」的內外部環境。2019 年 1 月中央提出「一國兩制」台灣方案以來，台灣當局以香港實踐「一國兩制」出現問題為由反對，對香港、對「一國兩制」帶來負面影響。台灣與香港兩地民間政治互動增多，特別是「台獨」與「港獨」勢力的互動明顯合流，「港獨」勢力藉助台灣增加能見度。「一國兩制」在香港的實踐與國家統一、反分裂關係更加緊密，也帶來更多的不確定因素。

第七節　結語

　　香港作為國際金融中心，對內地、對亞太地區乃至全球都產生重要作用。「一國兩制」的有效實踐符合香港、內地、亞太地區和世界的利益。雖然香港社會絕大多數人支持「一國兩制」，但中央與香港社會對「一國兩制」的認知出現鴻溝、中國政府與一些西方國家對「一國兩制」的認知也存在差異，這些現實情況不容忽視。中央政府和特區政府都要對新挑戰、新問題、新矛盾以及長期積累的矛盾有治理的新思路、新手段、新方法。認真面對當前「一國兩制」在香港實踐面臨的內外環境和條件變化，才能對症下藥，從根本改善實踐中出現的問題，更好地推進實踐。

　　當前治理香港仍面臨很多挑戰。一方面，作為治理客體的香港社會的問題和矛盾的存量巨大，還伴隨着新問題的增量，使治理的難度加大。另一方面，作為治理主體的公權力，最主要是香港特區政府、中央治港機構的內部治理，也面臨着存量和增量問題。只有兩者結合，同步推進治理，才能根本改善「一國兩制」實踐中出現的問題，更好地推進「一國兩制」在香港的實踐。通過有效落實「一國兩制」，推動國家治理體系與治理能力現代化。中央對香港的全面管治權需要全面運行起來。依法治港是回歸以來中央對香港特別行政區行使全面管治權的重要原則和制度，中央依法行使《憲法》和《基本法》賦予的各項權力。《憲法》與《基本法》共同構成香港特別行政區的憲制基礎。但在中央依法行使全面管治權的過程中面對的新情況、新問題，特別是法律衝突，

成為「一國兩制」實踐的重要挑戰。香港雖然實行港人治港、高度自治，但中央對特別行政區高度自治的監督權必須具體化、實質化，這也是 2014 年白皮書提出中央對香港具有全面管治權以來面臨的問題，即如何把全面管治權運行起來。在治理香港的過程中，中央的權力扮演關鍵角色，發揮重要作用。發揮好中央的全面管治權，將全面管治權與高度自治權有機結合，才有利「一國兩制」、港人治港、高度自治等政策實行。

作為中央事權的國家安全問題，全國人大及其常委會既有權力，也有責任從國家安全層面，建立健全香港維護國家安全的法律制度和執行機制。中央政府對香港維護國家安全具有「兜底」的責任和義務。國家安全法的制定是為了更好地保障「一國兩制」在香港的實踐，讓「一國兩制」更符合香港和國家的利益。《國家安全法》在訂立中，中央充分尊重兩制的差異，可以說是更好地體現了「一國兩制」這一原則，既對中央的權力予以明確，也清晰地規定了香港在維護國家安全方面的主體責任。《國家安全法》在香港落地後，將從法律上打擊「港獨」、分裂分子、勾結「台獨」以及其他外國勢力繼續從事危害國家安全的行為。當然，香港的反對勢力和外部勢力不會放棄干預香港事務，遏制中國發展，甚至會以其他方法繼續進行干預。對此中央政府和香港特區政府也要準備好反制措施，維護好香港安全穩定和「一國兩制」的實踐。

第五章

國家治理現代化視角下
中央對特別行政區的全面管治

2013 年 11 月，中共十八屆三中全會提出了推進國家治理體系和治理能力現代化的問題。2019 年 10 月，中共十九屆四中全會審議通過的《中共中央關於堅持和完善中國特色社會主義制度　推進國家治理體系和治理能力現代化若干重大問題的決定》指出，堅持和完善中國特色社會主義制度、推進國家治理體系和治理能力現代化，是全黨的一項重大戰略任務。作為直轄於中央政府的特別行政區，香港自 1997 年 7 月 1 日、澳門自 1999 年 12 月 20 日回歸起，重新納入國家治理體系。中央對香港、澳門的治理體系和治理能力的現代化，是國家治理體系和治理能力現代化的應有之義。我們梳理文獻時發現，關於中央對特別行政區的全面管治，已經有不少研究成果，但大都集中討論中央全面管治權的合法性來源、中央全面管治權和特別行政區高度自治權的有機結合、全面管治權與「一國兩制」的關係等內容。雖然已經有學者在研究中提及國家治理與全面管治的關係，但沒有進行系統論述。有學者認為，港澳工作作為國家治理體系中的重要一環，中央對港澳全面管治權離不開國家治理的統攝。[1] 還有學者指出，納入國家治理體系的香港和澳門，作為實踐「一國兩制」的主要區域，中央對港澳的治理經歷了一個不斷深化、不斷提升的過程。[2] 還有學者認為，必須在《憲法》和《基本法》的共同規定中，達至中央全面管治權和特區高度自治權的有機結合，鞏固

1　馮澤華：〈新時代中央對港澳全面管治權：實施困境與法治進路〉，《統一戰線學研究》，2020 年第 4 期。

2　張建：〈「一國兩制」與中國現代國家歷史進程 —— 以香港特別行政區實踐「一國兩制」為視角〉，《港澳研究》，2019 年第 1 期。

中央全面管治權和特區高度自治權的有機結合的制度體系。[3] 本
部分作為一項研究，嘗試從國家治理視角，分析中央對特別行政
區的全面管治。

第一節　中央對特別行政區的全面管治

中央對特別行政區的全面管治權具有國家治理體系現代化
的歷史、理論和制度邏輯。全面管治是在「一國兩制」的框架下
進行的，落實全面管治權則是推進國家治理體系現代化的重要
體現。

第一，全面管治是中央治理特別行政區過程中治理實踐的體
現。「一國兩制」是中國一項重要的政治制度，其功能和定位在
國家統一和國家治理之間轉換。中央對「一國兩制」制度的定位
和認識，隨着深度實踐也在不斷深化。中央政府確立的「一國兩
制」根本宗旨是維護國家主權、安全、發展利益，維護香港、澳
門的繁榮穩定。「一國兩制」既是國家統一的制度，也是國家治
理的制度。作為國家統一的制度，「一國兩制」成為中央恢復對
香港、澳門行使主權的開創性制度。在香港和澳門設立特別行政
區，為實踐「一國兩制」提供了平台。港澳回歸後，「一國兩制」

3　　駱偉建：〈論中央全面管治權與特區高度自治權的有機結合〉，《港澳研究》，
　　　2018 年第 1 期。

成為國家治理的制度，並納入國家治理體系。[4] 新時代中央對「一國兩制」的定位和認識，對「一國兩制」在特別行政區的實踐，中央對特別行政區的管治具有重要影響，也是中央對港澳政策變化調整的理論邏輯和現實邏輯。

第二，全面管治是中央在治理特別行政區過程中對《憲法》和《基本法》的溯源。中央對特別行政區的治理是全面管治權和高度自治權的結合，《憲法》和《基本法》的基礎性條款，明確了特別行政區在國家治理體系中的法律地位。《香港基本法》第一條訂明「香港特別行政區是中華人民共和國不可分離的部分」；《澳門基本法》第一條訂明「澳門特別行政區是中華人民共和國不可分離的部分」。《香港基本法》第十二條規定「香港特別行政區是中華人民共和國的一個享有高度自治權的地方行政區域，直轄於中央人民政府」；《澳門基本法》第十二條規定「澳門特別行政區是中華人民共和國的一個享有高度自治權的地方行政區域，直轄於中央人民政府」。兩部《基本法》都明確了特別行政區的法律地位，是規定特別行政區的職權範圍及與中央關係的基礎。兩部《基本法》的第二章都規定了中央和特別行政區的關係，包括中央根據《基本法》行使的職權或負責管理的事務，例如特區的國防和外交事務由中央人民政府負責管理，行政長官和主要官員由中央人民政府任命等。兩部《基本法》的第二條都訂明全國人

4　〈習近平在慶祝香港回歸祖國 20 周年大會暨香港特別行政區第五屆政府就職典禮上的講話〉，2017 年 7 月 1 日。習近平：〈在融入國家發展大局中實現香港、澳門更好發展〉，2018 年 11 月 12 日，《習近平談治國理政》第三卷，北京：外文出版社，2020 年。

民代表大會授權香港特別行政區、澳門特別行政區依照《基本法》的規定實行高度自治，享有行政管理權、立法權、獨立的司法權和終審權。可以說，中央對特別行政區的全面管治體現在《憲法》條文中，特別行政區依法實行高度自治的具體內容則反映在《基本法》的條文中。中央提出對特別行政區的全面管治權的概念、論述和法理架構是對《憲法》和《基本法》的回溯，是中央對「一國兩制」在特別行政區行使監護、監督權力和責任的重要體現。根據國家《憲法》和《基本法》規定，特別行政區是享有高度自治權並直轄於中央人民政府的地方行政區域。特別行政區制度是《憲法》和《基本法》規定國家對某些區域採取的特殊管理制度。在特別行政區制度下，中央擁有對特別行政區的全面管治權，包括中央直接對特別行政區行使的權力，和授權特別行政區依法享有高度自治權。對於特別行政區的高度自治權，中央具有監督權。

第三，全面管治是中央治理特別行政區過程中對主權與治權的結合。中央對特別行政區的全面管治權具有顯著的歷史和現實邏輯，是中國對特別行政區擁有主權的應有之義。主權是中央對特別行政區的全面管治權和特別行政區享有高度自治權的基礎和前提。中國政府自恢復行使主權起，即擁有全面管治權。而恢復行使主權，是恢復行使包括全面管治權在內的完整主權。特別行政區的高度自治權來源產生自中央的全面管治權，是按照《憲法》規定產生的中央人民政府代表全國人民行使對特別行政區的全面管治權。在此基礎上，《基本法》規定了中央對特別行政區行使管治權的方式，即規定了一部分權力由中央政權機構直接行使，一部分權力由全國人民代表大會授予特別行政區依照《基本法》

的規定行使，這就是通常所說的高度自治權。[5] 強調中央對特別行政區的全面管治權並不是要削弱特別行政區的高度自治權，只有中央全面管治權得到有效維護、落實，特別行政區才能更好地享有高度自治權、實現高度自治。中央對特別行政區擁有全面管治權是主權的問題，中央授予特別行政區高度自治權是主權行使的問題。中央的全面管治權是授權特別行政區實行高度自治的前提和基礎，授予特別行政區高度自治權是中央對特別行政區行使全面管治權的體現，兩者相互聯繫、內在一致，任何情況下都不能將這兩者割裂開來、對立起來。[6] 特別行政區的行政、立法、司法機關把維護中央對特別行政區全面管治權和保障特別行政區高度自治權有機結合起來，是特別行政區維護《憲法》和《基本法》確定的憲制秩序，正確實踐「一國兩制」的重要內涵。[7]

第四，全面管治是中央治理特別行政區過程中，社會主義和資本主義兩種制度的依法共生。「一國兩制」本身就是在一個社會主義國家的內部，作為主體的內地實行社會主義制度，作為地方的特別行政區實行資本主義制度，通過法律制度安排兩種制度

5　張德江：〈堅定「一國兩制」偉大事業信心　繼續推進《基本法》全面貫徹落實 —— 在紀念《中華人民共和國香港特別行政區基本法》實施 20 周年座談會上的講話〉，《人民日報》，2017 年 5 月 28 日，第 3 版。

6　栗戰書：〈堅定不移走「一國兩制」成功道路　確保《憲法》和《澳門基本法》全面準確有效實施 —— 在紀念中華人民共和國澳門特別行政區《基本法》實施 20 周年座談會上的講話〉，新華網，2019 年 12 月 3 日。

7　習近平：〈在慶祝澳門回歸祖國 20 周年大會暨澳門特別行政區第五屆政府就職典禮上的講話〉，2019 年 12 月 20 日，《習近平談治國理政》第三卷，北京：外文出版社，2020 年。

的共存共生，是一個大框架下兩種制度的依法共生。中央擁有管治香港的全面憲制性權力，必須責無旁貸地承擔起主導、監督和保障對香港實施「一國兩制」的第一責任人的使命。全面落實和強化中央管治權，完善與《基本法》實施相配套的制度和機制，才能更有效地發揮香港特區實施「一國兩制」的主體責任，把握好實施「一國兩制」的正確方向。[8]《憲法》第六十二條訂明，「全國人民代表大會行使的職權，包括第十三款決定特別行政區的設立及其制度。」根據《憲法》，全國人民代表大會制定《中華人民共和國香港特別行政區基本法》和《中華人民共和國澳門特別行政區基本法》，規定特別行政區實行的制度，以保障國家對特別行政區的基本方針政策的實施，即「一國兩制」、港人治港、澳人治澳和高度自治。中國實行單一制國家結構形式，中央對所有行政區域擁有全面管治權。根據《憲法》和《基本法》，中央政府對特別行政區擁有全面管治權，包括特別行政區的創制權，特區政府的組織權，《基本法》的制定、修改和解釋權，對特別行政區高度自治的監督權，對行政長官的指令權，決定在特區實施全國性法律等等。

第五，全面管治是中央治理特別行政區過程中，管治與監督權力的結合行使。中央對回歸之後納入國家治理體系的特別行政區依法行使全面管治權，既堅持把全面管治視作整個國家治理的共性特徵，又堅持重視把握特別行政區不同於內地的獨特性。

8　饒戈平：〈中央對香港的管治權問題研究〉，《香港基本法澳門基本法論叢》，韓大元、陳端洪主編，北京：中國民主制出版社，2019 年，第 3-27 頁。

回歸 20 多年來，面對港澳在實踐「一國兩制」過程中出現的新情況、新問題和新挑戰，中央不斷探索、推進對特別行政區的全面管治。

　　回歸以來，中央依法對特別行政區行使管治權，堅定維護「一國兩制」在特別行政區的實踐。中央對特別行政區直接行使的權力包括：管理與特別行政區有關的的外交事務；履行特別行政區的防務；任命特別行政區的行政長官和主要官員；修改和解釋《基本法》；對特別行政區立法機關制定的法律，進行備案監督；決定在特別行政區實施全國性法律；決定修改特別行政區行政長官和立法會的產生辦法；決定特別行政區進入緊急狀態；對特別行政區作出新的授權。除了上述權力外，中央對特別行政區還享有一些必要的權力，包括中央人民政府就實施《基本法》有關事項，向行政長官發出指令；負責確定國家其他地區的人在特別行政區定居的人數；批准中央各部門和各省市區在特別行政區設立機構；對行政長官報來的財政預算、決算等予以備案等。香港回歸以來，全國人大就香港重大事務作出兩次決定[9]，全國人大

9　2020 年 5 月 28 日，十三屆全國人民代表大會第三次會議通過《全國人民代表大會關於建立健全香港特別行政區維護國家安全的法律制度和執行機制的決定》。2021 年 3 月 11 日，十三屆全國人大四次會議通過《全國人民代表大會關於完善香港特別行政區選舉制度的決定》。

常委會就香港事務作出一次立法¹⁰、一次修法¹¹、五次決定¹²、五次對《香港基本法》的釋法¹³和一次對《香港國家安全法》的釋法¹⁴。澳門回歸以來，全國人大常委會就澳門重大事務作出兩次決定¹⁵和一次對《澳門基本法》的釋法¹⁶。另外，全國人大常委會還就體現國家主權和統一的全國性法律，對《香港基本法》附件三作出

10　2020 年 6 月 30 日，十三屆全國人民代表大會常務委員會第二十次會議通過《中華人民共和國香港特別行政區維護國家安全法》。

11　2021 年 3 月 30 日，十三屆全國人大常委會第二十七次會議通過新修訂的《中華人民共和國香港特別行政區基本法附件一香港特別行政區行政長官的產生辦法》、新修訂的《中華人民共和國香港特別行政區基本法附件二香港特別行政區立法會的產生辦法和表決程序》。

12　全國人大常委會 2004 年作出《關於香港特別行政區 2007 年行政長官和 2008 年立法會產生辦法的決定》、2006 年作出《關於授權香港特別行政區對深圳灣口岸港方口岸區實施管轄的決定》、2007 年作出《關於香港特別行政區 2012 年行政長官和立法會產生辦法及有關普選問題的決定》、2014 年作出《關於香港特別行政區行政長官普選問題和 2016 年立法會產生辦法的決定》、2017 年作出《關於批准內地與香港特別行政區關於在廣深港高鐵西九龍站設立口岸實施「一地兩檢」的合作安排的決定》。

13　全國人大常委會 1999 年就香港永久性居民在香港以外所生中國籍子女的居留權問題、2004 年就行政長官產生辦法和立法會產生辦法修改的法律程序問題、2005 年就補選產生的行政長官的任期問題、2011 年就國家豁免原則問題和 2016 年就公職人員就職宣誓等問題，對《香港基本法》作出五次解釋。

14　2022 年 12 月 30 日，十三屆全國人大常委會第三十八次會議表決通過《全國人民代表大會常務委員會關於〈中華人民共和國香港特別行政區維護國家安全法〉第十四條和第四十七條的解釋》。

15　全國人大常委會 2009 年作出《關於授權澳門特別行政權對設在橫琴島的澳門大學新校區實施管轄的決定》和 2012 年作出《關於澳門特別行政區 2013 年立法會產生辦法和 2014 年行政長官產生辦法有關問題的決定》。

16　全國人大常委會 2011 年就行政長官產生辦法和立法會產生辦法修改的法律程序問題，對《澳門基本法》作出一次解釋。

五次增減的決定 [17]、對《澳門基本法》附件三作出三次增減的決定 [18]。這些舉措充分體現了中央對特別行政區行使全面管治權，堅定維護「一國兩制」的實踐，維護國家主權、安全、發展利益，維護香港、澳門繁榮穩定的決心和意志。

加強對特別行政區高度自治的監督，確保高度自治權在全面管治權框架內有效實施。根據「一國兩制」原則方針和《基本法》規定，全國人民代表大會授權特別行政區依照《基本法》規定實行高度自治，享有行政管理權、立法權、獨立的司法權和終審權。行政方面，特別行政區依照《基本法》的有關規定，自行處理特別行政區的行政事務；特別行政區政府可根據中央授權，自行處理有關對外事務。立法方面，立法機關就高度自治範圍內的事務享有立法權，但立法機關制定的法律，須向全國人民代表大會常務委員會備案。司法方面，特別行政區享有獨立的司法權和終審權。特別行政區高度自治權的邊界，在於不能僭越主權、挑戰中央的權力，即中央對特別行政區的全面管治權。在涉及國

17　全國人大常委會決定在《香港基本法》附件三增加條文：包括在 1997 年增加《中華人民共和國國旗法》、《中華人民共和國領事特權與豁免條例》、《中華人民共和國國徽法》、《中華人民共和國領海及毗連區法》、《中華人民共和國香港特別行政區駐軍法》及刪去《中央人民政府公佈中華人民共和國國徽的命令》，1998 年增加《中華人民共和國專屬經濟區和大陸架法》、2005 年增加《中華人民共和國外國中央銀行財產司法強制措施豁免法》、2017 年增加《中華人民共和國國歌法》和 2020 年增加《中華人民共和國香港特別行政區維護國家安全法》。

18　全國人大常委會決定在《澳門基本法》附件三增加條文：包括在 1999 年增加《中華人民共和國專屬經濟區和大陸架法》、《中華人民共和國澳門特別行政區駐軍法》，2005 年增加《中華人民共和國外國中央銀行財產司法強制措施豁免法》和 2017 年增加《中華人民共和國國歌法》。

家主權、安全、發展利益等核心利益方面，特別行政區的高度自治權必須讓渡於中央政府的全面管治權。近年來，面對香港出現的一些亂象，中央加大對高度自治的監督。比如 2019 年 2 月，就取締香港民族黨一事，中央政府曾向時任行政長官林鄭月娥發出公函，要求林鄭月娥就依法禁止香港民族黨運作等有關情況提交報告。公函重申，依據《中華人民共和國憲法》和《基本法》，香港特區應依法履行維護國家安全的憲制責任。並指維護國家主權、統一和領土完整是香港特區政府的職責，也是包括香港同胞在內，全中國人民的共同義務。比如 2020 年 5 月全國人大通過的涉港決定和 6 月人大常委會通過的《香港國安法》，都要求行政長官應當就香港特別行政區履行維護國家安全職責、開展國家安全教育、依法禁止危害國家安全的行為和活動等情況，定期向中央人民政府提交報告。另外，國務院港澳事務辦公室和中聯辦多次就立法會亂象、警方執法、依法處理「港獨」等事宜發聲，也體現了中央對特別行政區實施的監督權。

第二節　中央治理香港的戰略思想與實踐

中共十八大以來，中央管治香港的一系列重要戰略思想與實踐，是以習近平為核心的黨中央治國理政思想，在「一國兩制」、港澳工作領域的集中體現。這一系列重要論述和重大決策部署，是新時代港澳工作和「一國兩制」實踐的根本遵循和行動指南。

黨的十八大之後，中國特色社會主義進入了新時代，「一國兩制」事業也進入了新時代。進入新時代以後，國際形勢和港澳形勢出現的新情況、新問題，為中央的管治提出新挑戰。中央根據「一國兩制」在港澳實踐出現的新情況、新問題，對「一國兩制」作出新的理論概括和戰略指引。在以習近平為核心的黨中央的堅強領導下，採取一系列標本兼治的舉措，推動香港局勢實現由亂到治、由治到興的重大轉折，為推進依法治港、治澳、促進「一國兩制」實踐行穩致遠，打下了堅實基礎。[19] 2021 年 7 月 1 日，習近平總書記在慶祝中國共產黨成立 100 周年大會上的講話指出，要全面準確貫徹「一國兩制」、港人治港、澳人治澳、高度自治的方針，落實中央對香港、澳門特別行政區全面管治權，落實特別行政區維護國家安全的法律制度和執行機制，維護國家主權、安全、發展利益，維護特別行政區社會大局穩定，保持香港、澳門長期繁榮穩定。[20] 縱觀中共十八大以來中央管治港澳的一系列戰略思想與實踐，主要體現在八個方面。

第一，加強中央對港澳工作的集中統一領導。黨的領導是黨和國家的根本所在、命脈所在，關係全國各族人民的利益和命運。堅持黨的領導，是中國共產黨百年奮鬥歷史經驗最為核心的內容。加強黨對港澳工作的集中統一領導，確保黨在港澳工作中總攬全局、協調各方，保證港澳工作始終沿着正確政治方向前

---

19 〈中共中央關於黨的百年奮鬥重大成就和歷史經驗的決議〉，《人民日報》，2021 年 11 月 17 日。

20 習近平：〈在慶祝中國共產黨成立 100 周年大會上的講話〉，新華社，2021 年 7 月 1 日。

進，是十八大以來中央管治港澳最為核心的思想與實踐。建立健全黨對港澳工作的領導體制，強化黨中央決策議事協調機構職能作用，完善推動黨中央重大決策的落實機制，改革港澳工作體制機制，是推進國家治理體系和治理能力現代化的內在要求。為加強黨對港澳工作的集中統一領導，強化決策和統籌協調職責，2020 年 2 月，中央成立中央港澳工作領導小組，取代原來設立的中央港澳工作協調小組。[21] 設立領導小組辦公室，與國務院港澳事務辦公室合併設置，是中央面對世界百年未有之大變局和港澳內外環境新變化作出的重要戰略決策，是對港澳工作領導體制作出的一次重大調整。從機構設置和制度安排上，進一步加強了中央對港澳工作的集中統一領導，不僅對促進香港局勢由亂轉治發揮了重要作用，而且對「一國兩制」實踐行穩致遠產生了深遠影響。[22] 中央港澳工作領導小組在中央政治局及其常委會領導下開展工作，對學習貫徹落實黨中央對港澳工作的重大理論方針政策，和涉及港澳工作的具體問題進行研究部署、協調指導和督促檢查，研究其中重大問題，向中央提出建議。與此同時，中央對

---

21 2003 年 7 月，中央政府因應當時香港發生七一大遊行的形勢，成立中央港澳工作協調小組，全面領導港澳工作。中央港澳工作協調小組建立以來，先後由曾慶紅（時任中共中央政治局常委、國家副主席）、習近平（時任中共中央政治局常委、國家副主席）、張德江（時任中共中央政治局常委、全國人大常委會委員長）、韓正（時任中共中央政治局常委、國務院副總理）擔任組長。2020 年 2 月，中央重新成立中央港澳工作領導小組後，韓正擔任組長。2023 年，現任中共中央政治局常委、國務院副總理丁薛祥擔任中央港澳工作領導小組組長。

22 《中國共產黨簡史》編寫組：《中國共產黨簡史》，北京：人民出版社 / 中共黨史出版社，2021 年，第 500 頁。

港澳工作的體制機制也進行了改革。新體制下，港澳兩個中聯辦主要負責人與港澳辦主要負責人一起，參加中央港澳工作領導機構辦公室和國務院港澳辦的工作，這大大拓展、加強了辦公室作為港澳工作中樞機構統籌協調的功能，有利辦公室超越具體工作部門，協助中央整合各部門的資源，全面並及時了解港澳情況，準確把握港澳動態和社情民意，依法科學決策，主動應對各種風險挑戰，維護港澳長期繁榮穩定和國家主權安全利益，實現中央治理港澳的戰略目標和任務。[23] 2023 年 3 月，中共中央、國務院印發《黨和國家機構改革方案》，其中明確在國務院港澳事務辦公室基礎上組建中央港澳工作辦公室，承擔在貫徹「一國兩制」方針、落實中央全面管治權、依法治港治澳、維護國家安全、保障民生福祉、支持港澳融入國家發展大局等調查研究、統籌協調、督促落實的職責。組建中央港澳辦是港澳工作領導體制的重大變革，有利加強中央對港澳工作的集中統一領導，完善在中央層面對港澳工作的領導體制機制。中央港澳辦是直接由中共中央領導，並列入中共中央直屬編制序列的機關部門和決策議事協調機構。與中組部、中宣部、中央統戰部、中聯部、中央財經辦公室等屬於同一類中央機構。中央港澳辦雖然仍保留國務院港澳辦的牌子，但已經不再屬於國務院，與常規「一個機構，兩塊牌子」不同。在中國的政治權力結構和敘述話語中，黨（中共中央）機構的地位、權力、作用和影響相對高於政府（國務院）機構。中

23　王振民：〈中央港澳工作領導體制的重大變革〉，《星島日報》，2020 年 2 月 20 日。

央港澳辦按照黨中央決策部署和總書記的指示要求來研究決定、部署協調港澳領域重大工作。中央港澳辦同時承擔中央港澳工作領導小組辦公室的職能。從中央港澳辦的性質、定位、人事安排可以發現，過去幾年在《香港國安法》、選舉制度改革等一系列舉措下，香港已經實現由亂到治並走向由治及興，但中央對香港的重視有增無減。在中西方鬥爭加劇、中美關係持續惡化、地緣衝突頻發以及以中國式現代化全面推進中華民族偉大復興的國際國內格局下，中央比此前更加重視香港，更要以「一國兩制」的高質量實踐來鞏固、維護香港的獨特地位和優勢。中央對港澳工作的加強領導和體制機制的改革，有利中央從戰略和全局部署「一國兩制」和港澳工作。實踐證明，無論過去、現在和未來，處理港澳問題，做好港澳工作，必須堅持黨的領導，強化中央的頂層設計和戰略謀劃，確保決策的科學系統完整，保證所有決策符合國家長遠戰略需要，符合香港和澳門的根本利益。[24]

第二，堅定不移貫徹「一國兩制」。「一國兩制」作為中國共產黨和中國政府長期堅持的一項基本國策，自 20 世紀 80 年代以來，一直被中國共產黨歷次全國代表大會和重要會議所確認，並被載入所有重要文件、文獻當中，還被鄭重載入中國《憲法》，並通過《香港基本法》和《澳門基本法》予以制度化、法律化。[25] 2021 年 11 月，黨的十九屆六中全會通過的《中共中央關於黨的

---

24 王振民：〈中央港澳工作領導體制的重大變革〉，《星島日報》，2020 年 2 月 20 日。

25 國務院新聞辦公室：《「一國兩制」下香港的民主發展》，北京：人民出版社，2021 年 12 月。

百年奮鬥重大成就和歷史經驗的決議》明確將「一國兩制」的理論與實踐，視作為中國共產黨百年奮鬥的重大成就之一。香港回歸多年不平凡的歷程充分證明，實行「一國兩制」，有利於維護國家、香港和廣大香港同胞的根本利益。「一國兩制」理論與實踐的豐富和發展，是習近平新時代中國特色社會主義思想的重要組成部分。十八大以來，「一國兩制」制度體系得到堅持和發展，呈現出一系列重大制度和實踐創新，中央對「一國兩制」科學內涵的闡釋不斷深化。2017 年 7 月 1 日，習近平出席慶祝香港回歸祖國 20 周年大會暨香港特別行政區第五屆政府就職典禮並發表講話，指出中央貫徹「一國兩制」方針堅持兩點：一是堅定不移，不會變、不動搖；二是全面準確，確保「一國兩制」在香港的實踐不走樣、不變形，始終沿着正確方向前進。保持香港、澳門長期繁榮穩定，實現完全統一，是實現中華民族偉大復興的必然要求。2019 年 12 月 20 日，習近平出席慶祝澳門回歸祖國 20 周年大會發表講話時總結澳門「一國兩制」成功實踐，可以獲得四點重要經驗：始終堅定「一國兩制」制度自信、始終準確把握「一國兩制」正確方向、始終強化「一國兩制」使命擔當、始終築牢「一國兩制」社會政治基礎。[26]「一國兩制」的制度是因時因勢不斷發展和演進的，在實踐中完善理論、總結經驗、豐富內涵，進而進行理論、制度和實踐創新。隨着世界百年未有之大變局和

26　習近平：〈在慶祝澳門回歸祖國 20 周年大會暨澳門特別行政區第五屆政府就職典禮上的講話〉，《習近平談治國理政》（第三卷），北京：外文出版社，2020 年，第 411-417 頁。

中華民族偉大復興進程，以及「一國兩制」在港澳實踐的發展變化，中央仍將繼續對「一國兩制」制度體系進行發展和完善。「一國兩制」作為國家根本政治制度的基礎不會變、實施「一國兩制」的初心不會變。

第三，堅持依法治港。在推進「一國兩制」實踐中，重視依法治港、依法治澳，運用法治思維和方式進行管治和治理，掌握《憲法》和《基本法》賦予中央對特別行政區的全面管治權。《憲法》和《基本法》共同構成特別行政區的憲制基礎。在落實《憲法》和《基本法》的憲制秩序時，把中央依法行使權力和特別行政區履行主體責任有機結合起來，完善與《基本法》實施相關的制度和機制，堅決維護《憲法》和《基本法》的權威。香港、澳門從回歸之日起即已納入國家治理體系。黨的十八大以來，以習近平為核心的黨中央從全面推進依法治國、推進國家治理體系和治理能力現代化的高度，重視和推進依法治港治澳。[27] 近年來香港亂局頻繁，特別是發生以逼迫全國人大常委會收回關於香港政制發展的「8·31」決定為主要訴求的非法「佔領中環」運動，和以反對特區政府修訂逃犯條例而引發的「修例風波」。面對香港局勢一度出現嚴峻的局面，中央始終把特別行政區放在依憲治國的總體格局中審視和把握，始終堅持依法治港、依法治澳，嚴格依照《憲法》和《基本法》辦事。2014 年處理長達 79 天的非法「佔領中環」事件時，中央以法治和底線思維，堅定支持香港特別行

27　中共國務院港澳事務辦公室黨組：〈引領「一國兩制」航船破浪前行 —— 黨的十八大以來港澳工作成就回顧〉，《求是》，2017 年第 20 期。

政區政府依法處置。2016 年，在處理「港獨」議員宣誓問題上，中央採取「人大釋法」的方式。針對香港特別行政區第六屆立法會議員宣誓過程中，極少數候任議員宣揚「港獨」等違法言行，全國人大常委會主動對《香港基本法》第一〇四條作出解釋，明確依法宣誓的含義和要求，為取消有關人員的立法會議員資格提供了明確的法律依據。為處理「港獨」分子宣誓事件，中央考慮過多種途徑和方法，比如，中央曾考慮將《中國國家安全法》引入《基本法》附件三。但《中國國家安全法》在香港實施的話，並不能完全針對「港獨」，因此引入《中國國家安全法》並不可行。另外，中央也曾考慮引用《基本法》第四十八條第八款：「特首需執行中央人民政府就《基本法》規定的有關事務發出的指令」。因此，中央可以向特首發出指令來取消「港獨」議員的資格。但由於特區政府已經向法庭提出司法覆核，若採用此條款，會帶來其他問題。因此，再三權衡，中央選擇用「人大釋法」的方式來處理。從處理「港獨」宣誓事件可以看出，中央嚴格規範權力的使用，以實現依法治港。中央不但對香港出現的亂局依法止暴制亂、撥亂反正，對港澳特別行政區發展過程中出現的問題也堅持依法治理。2017 年 12 月，全國人大常委會作出《關於批准內地與香港特別行政區關於在廣深港高鐵西九龍站設立口岸實施「一地兩檢」的合作安排的決定》，確認有關合作安排符合《憲法》和《香港基本法》，解決了在香港特別行政區行政區域範圍內實行「一地兩檢」的合憲性、合法性的問題，為在香港實施「一地兩檢」提供法律依據。2019 年以來，面對「修例風波」帶來危及國家安全的嚴峻複雜局勢，中央審時度勢，始終堅持法治原則，嚴

格遵循《憲法》規定和法定程序，運用「決定＋立法」[28] 落實維護國家安全、「決定＋修法」[29] 落實「愛國者治港」原則等法治方式妥善應對，穩妥處理。面對未來「一國兩制」在港澳實踐可能出現的新問題，必須堅持依法治港、依法治澳，依法保障「一國兩制」實踐。進一步完善「一國兩制」制度體系，要繼續嚴格遵循《憲法》和《基本法》的規定，運用法治思維和法治方式，在法治的軌道上推進「一國兩制」事業向前發展。

第四，落實中央對特別行政區的全面管治權。中央對香港、澳門的全面管治權，是中央依照《憲法》和《基本法》，對兩個特別行政區享有的憲制權力。中國是單一制國家，中央對包括香港特別行政區、澳門特別行政區在內所有地方行政區域都擁有全面管治權。兩個特別行政區的高度自治權不是固有的，而是由中央授權。高度自治權不是完全自治，中央對高度自治權具有監督的權力。中央對特別行政區的全面管治權，必須堅持國家治理體系現代化的歷史、理論和制度邏輯。中央對特別行政區的全面管治是在「一國兩制」框架下進行，落實中央的全面管治權則是推進國家治理體系現代化的重要體現。2014 年 6 月，針對香

28　2020 年 5 月 28 日，十三屆全國人民代表大會第三次會議通過《全國人民代表大會關於建立健全香港特別行政區維護國家安全的法律制度和執行機制的決定》。2020 年 6 月 30 日，十三屆全國人民代表大會常務委員會第二十次會議通過《中華人民共和國香港特別行政區維護國家安全法》。

29　2021 年 3 月 11 日，十三屆全國人大四次會議通過《全國人民代表大會關於完善香港特別行政區選舉制度的決定》。2021 年 3 月 30 日，十三屆全國人大常委會第二十七次會議通過新修訂的《中華人民共和國香港特別行政區基本法附件一香港特別行政區行政長官的產生辦法》、新修訂的《中華人民共和國香港特別行政區基本法附件二香港特別行政區立法會的產生辦法和表決程序》。

港社會一些人對「一國兩制」政策和《基本法》的片面、偏頗的理解和認識，對行政長官普選的錯誤言論和歪曲主張，國務院新聞辦公室發表《「一國兩制」在香港特別行政區的實踐》白皮書，系統闡述中央的「一國兩制」方針政策，重點強調中央對香港擁有全面管治權等重要觀點，以正視聽、正本清源。白皮書指出，《憲法》和《香港基本法》規定的特別行政區制度，是國家對某些區域採取的特殊管理制度。在這一制度下，中央擁有對香港特別行政區的全面管治權，既包括中央直接行使的權力，也包括授權香港特別行政區依法實行高度自治。對於高度自治權，中央具有監督權力。[30] 近年來，對香港社會有些人鼓吹香港有固有權力、自主權力等，否認或抗拒中央對香港的全面管治權，中央通過制度建設，採取包括法律、政治、經濟、安全、外交等一系列重要措施，落實全面管治權。與此同時，中央加強對高度自治權的監督，提高高度自治的效能，讓高度自治權更好地體現中央的全面管治權。中央在堅持「一國兩制」方針、推動「一國兩制」實踐過程中，牢牢掌握《憲法》和《基本法》賦予中央對香港、澳門的全面管治權，不斷健全中央對特別行政區行使的全面管治權。中央對特別行政區行使的全面管治權，與中央授權特別行政區行使的高度自治權是依法共生的關係。中央全面管治權與港澳高度自治權之間，形成相互尊重、相互配合、相互支持的良性互動關係，共同致力維護「一國兩制」的實踐，維護國家主權、安全、發展

30　國務院新聞辦公室：《「一國兩制」在香港特別行政區的實踐》，北京：人民出版社，2014 年。

利益，維護港澳特別行政區的繁榮穩定。

　　第五，落實維護國家安全的法律制度和執行機制。國家安全是國家生存發展的基本前提，保障國家安全是頭等大事。推動建立健全特別行政區維護國家安全法律制度和執行機制、制定並實施《中華人民共和國香港特別行政區維護國家安全法》是十八大以來中央處理香港事務的重大舉措，也是回歸以來中央在香港維護國家安全的重大舉措。建立健全香港特別行政區維護國家安全法律制度的決定，制定並實施《香港國家安全法》是「一國兩制」在特別行政區實踐的制度創新，也是總體國家安全觀的重要體現。《香港基本法》第二十三條明確規定，香港特別行政區應自行立法禁止危害國家安全的行為和活動。《澳門基本法》也有同樣的規定。澳門在 2009 年完成國家安全立法。但香港回歸多年來，由於內外反對勢力的阻撓、干擾，一直沒有完成立法。與此同時，香港原有法律中，一些用於維護國家安全的規定也難以有效執行。維護國家安全的制度機制存在重大漏洞和風險。2019 年香港發生的「修例風波」暴露了香港在維護國家安全方面存在的重大制度漏洞。黨中央堅持底線思維，果斷決策，防範和化解香港在國家安全方面面臨的重大風險挑戰。2019 年 10 月，十九屆四中全會指出，要建立健全特別行政區維護國家安全法律制度和執行機制，支持特別行政區強化執法力量。2020 年 5 月，十三屆全國人大三次會議通過《全國人民代表大會關於建立健全香港特別行政區維護國家安全的法律制度和執行機制的決定》，授權全國人大常委會制定相關法律，切實防範、制止和懲治任何分裂國家、顛覆國家政權、組織實施恐怖活動等嚴重危害國家

安全的行為和活動，以及外國和境外勢力干預香港特別行政區事務。2020 年 6 月，十三屆全國人大常委會第二十次會議通過《中華人民共和國香港特別行政區維護國家安全法》，並將其列入《香港基本法》附件三，明確由香港特別行政區公佈實施，對香港特別行政區維護國家安全制度機制作出法律化、規範化、明晰化的具體安排。制定和實施《香港國家安全法》是回歸以來，中央處理香港事務的重大舉措，加強在香港維護國家安全的制度保障，有利於「一國兩制」在香港實踐的行穩致遠。根據《國安法》規定，香港特區國家安全委員會、國家安全顧問以及有關《國安法》的執法（警務處國家安全處）、檢控（律政司國家安全犯罪案件檢控部門）和司法（指定法院專門法官審理）專門機構或機制確立，並在處理違反《國安法》案件的過程中逐步完善。[31] 2021 年 11 月 30 日，中央人民政府向澳門特別行政區行政長官作出批覆，決定在澳門特別行政區維護國家安全委員會中，設立國家安全事務顧問和國家安全技術顧問。《香港國安法》順利實施，一些觸犯法律的反中亂港分子受到應有的制裁，多個反中亂港組織分崩離析，香港法治重回正規。英國經濟學人智庫（The Economist Intelligence Unit）每兩年一次的全球安全城市排名，曾於 2019 年將香港排名由第 9 位降至第 20 位，但在 2021 年回調至更高的第 8 位，可見香港社會在這兩年間趨於安全穩定是國際認同的客觀事實。

31　國務院港澳事務辦公室編印：《中華人民共和國香港特別行政區維護國家安全法法律彙編》，2020 年 7 月。

第六，落實「愛國者治港」原則。愛國者治港是「一國兩制」方針的應有之義和核心要義，是香港回歸、成為一個特別行政區、納入國家治理體系後的一個基本政治倫理和規則[32]，並明確了「愛國愛港者治港，反中亂港者出局」的政治規矩。2020年8月，十三屆全國人大常委會第二十一次會議作出決定，明確2020年9月30日後，香港特別行政區第六屆立法會繼續履行職責，直至第七屆立法會任期開始為止，並不少於一年。2020年11月，十三屆全國人大常委會第二十三次會議對香港特別行政區立法會議員資格問題作出決定，確立了立法會議員「一經依法認定不符合擁護《香港特別行政區基本法》、效忠香港特別行政區等的法定要求和條件，即時喪失立法會議員資格」的一般性規則，同時明確在原定第七屆立法會選舉提名期間，被裁定參選提名無效的第六屆立法會議員已喪失議員資格。中央從國家層面完善香港特別行政區的選舉制度，從法律機制上全面貫徹體現和落實「愛國者治港」原則。2021年3月，為順應推進「一國兩制」事業的時代呼喚和落實黨對完善「一國兩制」制度體系提出的明確要求，最高國家權力機關及其常設機關 —— 全國人民代表大會及其常務委員會 —— 依法完善香港特區選舉制度，堵塞反中亂港分子利用選舉進入特區管治架構的制度漏洞，從制度機制上全面貫徹、體現和落實「愛國者治港」原則，建立一套符合「一

32　中央港澳工作領導小組辦公室、國務院港澳事務辦公室：〈完善香港選舉制度　落實「愛國者治港」　確保「一國兩制」實踐行穩致遠〉，《求是》，2021年第8期，第62頁。

國兩制」制度體系和香港實際情況的新的民主選舉制度。[33] 2021年 3 月 11 日，十三屆全國人大四次會議通過《關於完善香港特別行政區選舉制度的決定》。《決定》認為，香港特別行政區實行的選舉制度，包括行政長官和立法會的產生辦法，是香港特別行政區政治體制的重要組成部分，應當符合「一國兩制」方針，符合香港特別行政區實際情況，確保愛國愛港者治港，有利於維護國家主權、安全、發展利益，保持香港長期繁榮穩定。《決定》授權全國人民代表大會常務委員會修改《基本法附件一香港特別行政區行政長官的產生辦法》和《附件二香港特別行政區立法會的產生辦法和表決程序》，從制度上全面貫徹落實「愛國者治港」原則。選舉制度改革完善後，先後舉行的選舉委員會選舉、立法會選舉和行政長官選舉，充分體現了「愛國者治港」原則。未來仍要健全「愛國者治港」、「愛國者治澳」的機制建設，讓愛國者治理成為「一國兩制」制度下的政治自覺。

第七，防範和遏制外部勢力干預香港事務。近年來，隨着國際形勢和港澳形勢的發展變化，一些外國和境外勢力肆意干涉中國內政，通過各種方式插手香港內部事務、支持反中亂港勢力，為反中亂港勢力鼓吹「港獨」、自決、公投等主張撐腰打氣，提供保護傘，嚴重挑戰「一國兩制」的原則底線，危害國家主權、安全、發展利益。十八大以來，中央嚴密防範和打擊外部勢力的滲透、破壞、顛覆、分裂活動，頂住和反擊外部勢力對港澳事務

---

33 〈全面落實「愛國者治港」：修改完善香港選舉制度始末〉，《瞭望》，2021 年 5 月 1 日。

的介入，積極開展涉港鬥爭。通過主動、積極作為，掌握戰略主動，有力維護國家主權、安全、發展利益，確保「一國兩制」在香港的實踐。對於外部勢力干預、介入香港事務，中國政府全面開展反干預鬥爭，通過外交戰、法律戰、輿論戰等方式對外部勢力的介入進行鬥爭。2019 年發生的「修例風波」，實質上是一場港版顏色革命，反中亂港勢力及其背後支持的外部勢力不僅要奪取香港管治權，搞亂香港，而且企圖搞亂內地，顛覆中國共產黨的領導和中國特色社會主義制度，阻撓中華民族偉大復興的進程。[34] 2019 年 11 月 14 日，國家主席習近平在巴西利亞出席金磚國家領導人第十一次會晤時，就香港局勢表明嚴正立場。習近平指出，香港持續發生的激進暴力犯罪行為，嚴重踐踏法治和社會秩序，嚴重破壞香港繁榮穩定，嚴重挑戰「一國兩制」原則底線。止暴制亂、恢復秩序是香港當前最緊迫的任務。我們將繼續堅定支持行政長官帶領香港特別行政區政府依法施政，堅定支持香港警方嚴正執法，堅定支持香港司法機構依法懲治暴力犯罪分子。中國政府維護國家主權、安全、發展利益的決心堅定不移，貫徹「一國兩制」方針的決心堅定不移，反對任何外部勢力干涉香港事務的決心堅定不移。2019 年 12 月 20 日，國家主席習近平在澳門回歸 20 周年紀念大會上強調指出，香港、澳門回歸後，處理這兩個特別行政區的事務完全是內政，用不着任何外部勢力

34　中央港澳工作領導小組辦公室、國務院港澳事務辦公室：〈完善香港選舉制度落實「愛國者治港」確保「一國兩制」實踐行穩致遠〉，《求是》，2021 年第 8 期，第 60 頁。

指手畫腳。中國政府和中國人民維護國家主權、安全、發展利益的意志堅如磐石，絕不允許任何外部勢力干預中國香港、中國澳門事務。2021 年 9 月 24 日，外交部向國際社會揭露美國干預中國香港事務的劣跡，讓國際社會更加認識到美國干涉他國內政的霸權主義行徑。2021 年 12 月，國務院新聞辦公室發表的《「一國兩制」下香港的民主發展》白皮書也明確表明，反中亂港勢力及其背後的外部敵對勢力是挑戰「一國兩制」原則底線的罪魁禍首，是危害國家安全的罪魁禍首，是損害香港繁榮穩定的罪魁禍首，也是阻礙香港特別行政區民主向前發展的罪魁禍首。[35] 在以習近平為核心的黨中央領導下，對外部勢力干涉港澳事務的行徑開展堅決鬥爭。在國家最高領導人的公開講話中、在中國共產黨和中央政府的最高政策文件中、在與美國總統通電話時、中國政府涉外、涉港等部門的政策文件和工作都表明反對外部勢力干預中國香港事務的嚴正立場，明確涉港問題為國家核心利益，不容外部勢力以任何方式損害中方核心利益。中央制定實施《香港國家安全法》，完善香港選舉制度，制裁在涉港問題上表現惡劣的外部勢力，包括個人、組織、企業，積極開展涉港外交，爭取國際社會對中國政府對港政策的理解和支持，反制外部勢力干預香港事務，有理有力地全面開展涉港反干預鬥爭。

第八，支持香港融入國家發展大局。中央支持港澳在融入國家發展大局中實現更好發展。香港、澳門融入國家發展大局，是

35　國務院新聞辦公室：《「一國兩制」下香港的民主發展》，北京：人民出版社，2021 年 12 月。

「一國兩制」的應有之義，是改革開放的時代要求，也是香港、澳門探索發展新路向、開拓發展新空間、增添發展新動力的客觀要求。[36] 十九大報告中指出，要支持香港、澳門融入國家發展大局，全面推進內地同香港、澳門互利合作，制定完善便利香港、澳門居民在內地發展的政策措施。中央全面支持香港、澳門融入國家發展大局，豐富了新時代「一國兩制」實踐的內涵。融入國家發展大局，對香港、澳門來說，就是抓住共建「一帶一路」、粵港澳大灣區建設等重大機遇，主動對接國家重大發展戰略，發揮國家堅強後盾的作用和提高自身競爭力的有機結合，實現更好發展。粵港澳大灣區建設是國家主席習近平親自謀劃、部署和推動的重大國家發展戰略，是港澳融入國家發展大局的重大戰略依託。2018 年 7 月，中共中央、國務院印發《粵港澳大灣區發展規劃綱要》。2018 年 10 月，港珠澳大橋開通，對推進粵港澳大灣區建設具有重大意義。中央從國家規劃和長期發展目標來支持、推動港澳融入國家發展大局。2021 年 3 月，《中華人民共和國國民經濟和社會發展第十四個五年規劃和 2035 年遠景目標綱要》在支持港澳更好融入國家發展大局方面提出，完善港澳融入國家發展大局、同內地優勢互補、協同發展機制。支持港澳參與、助力國家全面開放和現代化經濟體系建設，共建「一帶一路」功能平台。深化內地與港澳經貿、科創合作關係，深化並擴大內地與港澳金融市場互聯互通。高質量建設粵港澳大灣區，深化粵港澳合作、

36　習近平：〈在融入國家發展大局中實現香港、澳門更好發展〉，《習近平談治國理政》（第三卷），北京：外文出版社，2020 年，第 400 頁。

泛珠三角區域合作，推進深圳前海、珠海橫琴、廣州南沙、深港河套等粵港澳重大合作平台建設。加強內地與港澳各領域交流合作，完善便利港澳居民在內地發展和生活的政策措施，加強《憲法》和《基本法》教育、國情教育，增強港澳同胞國家意識和愛國精神，支持港澳同各國各地區開展交流合作。[37] 2021 年 9 月，發佈《橫琴粵澳深度合作區建設總體方案》和《全面深化前海深港現代服務業合作區改革開放方案》。這是中央着眼於新時代豐富「一國兩制」實踐作出的重大部署，全面推進粵港澳大灣區建設，提升粵港澳合作水平，構建對外開放的新格局，有利進一步拓展港澳發展空間，讓港澳更好地融入國家發展大局，保持長期繁榮穩定。「一國兩制」是香港、澳門在融入國家發展大局中的最大優勢。香港、澳門特別行政區政府應主動採取積極措施，對接國家發展戰略，推動融入國家發展大局，全面深化同內地交流合作，助力國家改革開放和構建新發展格局。

第三節　中央全面管治面臨的挑戰與問題

國家治理現代化是一個不斷探索的過程，中央對特別行政區的全面管治也需要直面問題、了解問題和分析問題。由於國際形

37　《中華人民共和國國民經濟和社會發展第十四個五年規劃和 2035 年遠景目標綱要》，北京：人民出版社，2021 年 3 月。

勢發展變化、港澳自身政經局勢的發展變化等歷史與現實因素，中央對特別行政區的全面管治未來仍面臨多方面的挑戰。

其一，面臨危害國家安全的分裂行為。長期以來，中央對特別行政區行使全面管治權的行為被香港的反對勢力以及西方的一些勢力曲解、歪曲為破壞香港高度自治、違反《中英聯合聲明》、違反「一國兩制」。反中亂港勢力全然不顧中央對香港所擁有的全面管治權是主權的延伸，不顧香港高度自治權源自中央授權，更無視中央行使全面管治權的目的在於維護國家主權、安全、發展利益，維護「一國兩制」的實踐和保障香港的高度自治權。過去多年來，香港社會有些人鼓吹香港有固有權力、自主權力等，否認或抗拒中央對香港的管治權。反中亂港勢力對中央政策進行抵制、抹黑、排斥，不承認中央對香港的全面管治權，搞「港獨」、民主自決、民族自決等具有明顯分離色彩的思潮和行為，以及公民抗命、革新保港、五區公投、公民提名等違反中央政策的分裂行為。雖然《香港國家安全法》實施以來，一大批「港獨」組織解散或停止運作，一些「港獨」分子被拘捕，但長期來看，危害國家安全的分裂行為仍然存在。在香港，一些「港獨」分子以軟對抗方式進行鼓吹分裂，利用媒體、文化藝術、刊物等日常活動作為掩飾，以灌輸「港獨」意識。在國際上，一些逃亡海外的「港獨」分子從事分裂行為，甚至遊說外國勢力制裁香港。

其二，面臨否定國家認同的虛妄行為。中央與特別行政區的權力關係，是授權和被授權的關係，在任何情況下絕不允許以高度自治對抗中央的權力。但在現實中，一部分港人對「一國兩制」方針政策和《基本法》的理解不全面、不準確，選擇性接受「一

國兩制」政策，甚至歪曲對《基本法》的認識，對中央和特別行政區的關係缺乏正確的了解和認知，片面強調兩制和特別行政區的高度自治權，以高度自治權對抗中央的全面管治權，拒絕乃至否定國家認同。每當中央依法行使權力時，總有一些人鼓噪中央干預香港自治事務。香港部分政治經濟力量對中央全面管治權的抵制、缺乏乃至否定對國家的認同，甚至成為反中勢力、反共勢力以及外部勢力的代言人。這種反對中央全面管治權的力量不但在社會層面存在，在公權力也存在，包括行政、立法和司法系統。其掌握的權力與其不認同國家全面管治權的立場，對中央政策的落實、特區政府的施政造成干擾。

其三，面臨破壞繁榮穩定的違法行為。香港的反對勢力不但不認可中央的全面管治權，甚至通過動亂和操縱選舉，要奪取香港的管治權。回歸多年來，香港一直沒有與內地簽訂相互移交逃犯的協定，成為維護國家安全上的重要漏洞和隱患。為了堵塞漏洞，香港特區政府推動修訂《刑事事宜相互法律協作條例》和《逃犯條例》，以便特區政府可以用一次性或個案方式與那些未跟香港簽訂協定的國家和地區移交逃犯。根據《基本法》規定，在中央政府的授權和協助下，香港與 20 個國家和地區簽訂了相互移交逃犯協定。這也意味着 2019 年香港特區政府修訂的《逃犯條例》，適用於這 20 個國家以外的所有國家和地區，當然包括最緊迫需要的引發「修例風波」的案發地台灣。但香港社會反對修訂逃犯條例的聲音，反對的是香港與內地移交逃犯，並不反對香港與其他國家和地區移交逃犯。從本質上看，香港社會部分人或政治勢力不信任內地（國家）的政治制度、法律制度，更重要的是

反共心理。由「反修例」引發的動亂對香港造成巨大破壞，各種黑暴行為肆無忌憚地衝擊中央駐港機構、特區政府機構，以及包括機場、隧道、地鐵、商場等在內的各種基礎設施，香港經歷回歸以來最大的破壞。破壞行為不但對香港造成嚴重的損失，更對香港法治環境、國際地位和聲譽造成負面影響，而且對港人精神和心理上造成嚴重的陰影。雖然《國安法》的實施和選舉制度的完善，香港由亂及治，但反中亂港勢力仍有搞亂香港的圖謀。

其四，面臨大國以港遏華的干預行為。以美國為首的外國勢力是干擾中央對特別行政區行使全面管治權的最主要外部勢力。2019 年發生「修例風波」以來，在外部勢力支持下，反中亂港勢力擾亂選舉秩序，藉機竊取區議會主導權，進而謀劃操控立法會選舉、行政長官選舉委員會選舉和行政長官選舉的「奪權三部曲」。由於地緣政治、意識形態、治理制度等方面的差異，外部勢力干擾、阻撓中央全面管治權的聲音和行為長期存在。但在中央採取依法推進落實全面管治權的政策背景下，中央防範和遏制外部勢力干預港澳事務成效顯著，特別是隨着《香港國安法》的實施和選舉制度的完善，外部勢力干擾、阻撓全面管治權的能力在下降，對「一國兩制」實踐的影響也將下降。但從拜登政府上台以來，在涉港問題上採取的政策和新的制裁來看，外部勢力仍會對香港事務進行干預和介入，這也是香港面臨外部最大的不確定因素。

其五，面臨政府治理效能失序的問題。隨着「一國兩制」在港澳深入實踐遇到新情況、新問題，高度自治權出現了一些挑戰，這些挑戰既有歷史問題，也有隨着形勢發展出現的問題，也

有反對勢力、外部勢力干預帶來的問題，還有一些是在實踐中作為不夠的問題。包括：維護國家主權、安全、發展利益的制度和執行機制有待完善；對國家歷史、政治制度只有淺層認同，甚至拒絕以及否定；自身的經濟發展方式和發展動能受到挑戰；長期積累的深層次、結構性矛盾不斷凸顯，影響政府的施政成效；防範外部勢力干預的機制和能力不足等等。特別行政區實施高度自治權的能力以及特區政府的施政能力，事關中央治理特別行政區的效能和「一國兩制」實踐的正向水平。因此，未來特別行政區能否與時俱進地提高治理思維和方式現代化，是一項重要挑戰。

第四節　加強全面管治權的路徑

全面管治權和高度自治權面臨的挑戰和問題，既有歷史的原因，也有現實的問題；既有制度的原因、也有政策的問題。緩解以至解決這些挑戰和問題，則需要對症下藥，從制度、政策上入手，以完善、落實全面管治權，提升、增效高度自治權，以實現兩權在「一國兩制」框架下、在法治軌道上的共生性有機結合。未來落實全面管治權和高度自治權的依法有機結合，仍要從多個方面努力。

其一，堅持全面管治權與高度自治權的有機結合、依法共生。香港社會對全面管治和高度自治之間的關係有質疑，對兩權有機結合也存疑慮，認為兩權是矛盾的、對沖的、非此即彼的。

對何謂有機結合，如何有機結合，而兩權出現衝突時，如何協調等問題存在疑慮。甚至認為中央提出全面管治權，削弱了高度自治，高度自治在某種程度上只是配合全面管治。實際上，中央不但對全面管治權相當重視，更要加強全面管治權的落實。與此同時中央政府對高度自治權同樣非常重視。中央不斷推進完善高度自治權的制度機制，並在行政、立法、司法，以及其他方面探索落實高度自治的可行路徑。

依法共生是兩權有機結合的重要路徑。依法，即依照《憲法》和《基本法》，以及港澳回歸以來作為國家最高權力機構和立法機構的全國人民代表大會及其常委會作出的立法、釋法和決定。一方面，中央堅持依法行使全面管治權；另一方面，特別行政區依法施政、依法行使高度自治權。共生，即全面管治權與高度自治權之間相互尊重、相互配合、相互支持，共同致力維護「一國兩制」的實踐、維護國家主權、安全、發展利益、維護港澳特別行政區的繁榮穩定。中共十八大以來，面對「一國兩制」在深入實踐中遇到的新情況、新問題，中央在尊重高度自治權的同時，強調中央與特區在「一國兩制」實踐中均承擔着相應的責任。在落實由《憲法》和《基本法》確定的憲制秩序時，要把中央依法行使權力和特別行政區履行主體責任有機結合起來。

其二，全面管治權與高度自治權應尊重各自的權力範圍和效應，以及其代表的內涵與權力延伸的意涵。因各種內外因素，中央對特別行政區的全面管治權並沒有得到理解、尊重以及有效的落實執行，導致「一國兩制」實踐變形、走樣。特別是在歪曲中央與特別行政區的權力配置、「一國兩制」污名化、欠缺維護國

家安全的意識和能力、抵制國家認同的論述和歧路、分離行為的擴散與危害等方面。一方面，特別行政區依照《憲法》和《基本法》實行港人治港、澳人治澳、高度自治，堅持一國是應有之義。高度自治權不是固有的，唯一來源是中央授權。香港特別行政區享有的高度自治權不是完全自治，也不是分權，而是中央授予的地方事務管理權。高度自治權的限度在於中央授予多少權力，香港特別行政區就享有多少權力，不存在剩餘權力。[38] 特別行政區應充分尊重國家主體實行的社會主義制度，特別是政治體制，切實維護中央的全面管治權力。強調中央對特別行政區具有全面管治權，是希望香港社會能正確認識特別行政區的法律地位和權力來源，尊重中央依法享有的權力。另一方面，內地在堅持社會主義的同時，也要尊重和包容特別行政區實行的資本主義制度，尊重和保障特別行政區依法享有的高度自治權。對於《基本法》已授予香港特別行政區的高度自治權，中央應當予以尊重，而不應以享有全面管治權為由，任意限制和干預。只有這樣，全面管治權與高度自治權在「一國兩制」架構內才能有機結合、有效運行。

其三，加強中央對高度自治權的有效監督，提升特別行政區高度自治的效能。中央對特區的監督權源於《憲法》，包括工作溝通、表達關切、制定法律、解釋法律、修改法律和作出決定決議，而這些決議都由最高國家權力決定，有不可質疑的法律效力。在中央的主導下，香港社會開啟由亂及治、由治及興的重大

38　國務院新聞辦公室：《「一國兩制」在香港特別行政區的實踐》，北京：人民出版社，2014 年。

轉折，市民和社會各界對提高特區管治效能、實現香港良政善治有更高期待，迫切需要打造一支愛國忠誠、擔當作為、管治能力強、社會認受度高，以及善於破解香港深層次問題的特區政府管治團隊。國務院港澳辦主任夏寶龍指出，香港的管治者不僅要愛國愛港，還要德才兼備，有管治才幹。他提出的五項具體要求包括：要善於在治港實踐中全面準確貫徹「一國兩制」方針，做立場堅定的愛國者；要善於破解香港發展面臨的各種矛盾和問題，做擔當作為的愛國者；要善於為民眾辦實事，做為民愛民的愛國者；要善於團結方方面面的力量，做有感召力的愛國者；善於履職盡責，做有責任心的愛國者。[39] 如果不能切實提高特區政府的治理效能、解決深層次矛盾等沉疴痼疾，仍可能對中央全面管治權的效果造成衝擊。

其四，增強特別行政區對高度自治權的認識，確保特別行政區依法實行高度自治。根據《基本法》規定，特別行政區在財政、金融、貿易、工商業、土地契約、航運、民用航空等領域享有廣泛權力。特別行政區還可以自行制定有關教育、科技、文化、體育、宗教、勞工和社會服務等方面的政策。特別行政區政府由特別行政區永久性居民依照《基本法》有關規定組成。特別行政區立法會是特別行政區的立法機關，根據《基本法》行使權力。各級法院是特別行政區的司法機關，依法獨立行使審判權和終審權。中央全面管治權與特區高度自治權是源與流、本與末的

39　夏寶龍：〈全面深入實施香港《國安法》　推進「一國兩制」實踐行穩致遠〉，國務院港澳事務辦公室，2021 年 7 月 16 日。

關係。無論在理論上還是實踐中，都不能將兩種權力對立起來，更不能以高度自治權對抗中央的全面管治權。[40] 維護全面管治權和保障高度自治權的有機結合，必須將中央依法行使權力和特別行政區履行主體責任有機結合起來。中央和特別行政區共同負上維護中央全面管治權的責任。中央授權特別行政區高度自治，意味着特別行政區必須承擔起主體責任，行使中央授予的高度自治權。同時，中央也要依法尊重和保障特別行政區的高度自治，依法履行監督特別行政區高度自治權的責任。特別行政區在行使高度自治權的過程中，一方面要堅決維護中央的權威，不得損害國家的主權、安全、發展利益，更不得以高度自治權對抗中央的管治權；另一方面要履職盡責、奮發有為，切實承擔起治理特別行政區的主體責任。

其五，防範和遏制外部勢力干預港澳事務，繼續通過法律、經濟、外交等多方面手段推動反干預鬥爭。近年來，美西方無所不用其極、肆無忌憚地干涉香港事務、支持反中亂港勢力危害中國的國家主權、安全、發展利益。《香港國安法》的制定與實施、選舉制度的完善、《反外國制裁法》的實施、發佈美國干預中國香港事務的事實清單，以及對在港澳事務上表現惡劣的美方人士進行反制裁等措施，降低了外部勢力的干預和危害。但外國勢力並不會放棄利用中國香港以遏制中國的企圖。因此，中方仍要從完善法律制度、加強涉港澳的國際鬥爭、發揮經濟槓桿作用

40　喬曉陽：〈中央全面管治與特區高度自治沒有矛盾〉，《大公報》，2019 年 11 月 10 日。

等方面，推動對外部勢力干預港澳事務的防範和遏制。對於外部勢力的干預、介入港澳事務，中方仍要全面開展反干預的鬥爭。通過外交戰、法律戰、輿論戰等方式對外部勢力的介入進行鬥爭，捍衛國家主權、安全、發展利益。比如以總體國家安全觀的思維，推動有關維護國家安全的《基本法》第二十三條立法工作。二十三條立法可進一步防範和遏制外部勢力干預，與中央制定的《香港國安法》並行不悖。

第六章

高質量實踐在香港面臨的
深層次結構性問題與應對之道

香港回歸以來，中央政府確保特別行政區依照《基本法》充分行使高度自治權。特區政府的高度自治權包括行政管理權、立法權、獨立的司法權和終審權等。特別行政區行使高度自治是「一國兩制」實踐的重要載體。但不容忽視的是，特別行政區在行使高度自治權的過程中出現的新問題、新情況，成為正確行使高度自治權的挑戰。

第一節　高度自治面臨的挑戰

2022 年 10 月 16 日，中共二十大報告指出，要支持香港、澳門發展經濟、改善民生、破解經濟社會發展中的深層次矛盾和問題。2022 年 7 月 1 日，中共中央總書記、國家主席習近平在慶祝香港回歸 25 周年大會上的講話中指出，當前香港最大的民心，就是盼望生活變得更好，盼望房子住得更寬敞一些、創業的機會更多一些、孩子的教育更好一些、年紀大了得到的照顧更好一些。[1] 香港正處於由亂到治，到由治及興的新階段，切實排解民生憂難，緩解和解決香港面臨的諸多深層次結構性問題，直接關係着未來的發展前景和發展質量，關係着全面管治權和高度自治權能否實現有機結合，關係着「一國兩制」能否實現高質量實

---

[1]　習近平：〈在慶祝香港回歸祖國 25 周年大會暨香港特別行政區第六屆政府就職典禮上的講話〉，《人民日報》，2022 年 7 月 2 日，第 2 版。

踐。回歸以來，在中央制定實施《香港國家安全法》和完善香港選舉制度，落實「愛國者治港」原則之後，政治和安全的深層次結構性問題已經得到根本解決。現在面臨的是經濟和社會的深層次結構性問題。香港社會的主要矛盾已經由政治安全矛盾，轉變為民眾對美好生活需求得不到滿足與困擾香港發展的深層次結構性矛盾長期得不到解決之間的矛盾。香港深層次結構性問題的形成以及惡化，既有歷史因素，也有現實因素；既有政治因素，也有經濟因素；既有內部因素，也有國際因素。與此同時，香港面臨外部環境動盪的變化，和新冠疫情帶來的衝擊，緩解乃至解決深層次結構性問題變得更加複雜嚴峻。要緩解乃至解決問題，必須突破原有制度和政策的禁錮，採取創造性、顛覆性的方法，全方位解決和緩解深層次矛盾帶來的挑戰。

中央授權特別行政區高度自治，所以高度自治權面臨的挑戰主要是特區政府在施政層面的問題。香港特區政府的施政思維和能力沒有與時俱進。近年來，香港深受各種政治、經濟、社會問題困擾，各種深層次的結構性問題和矛盾存量巨大，還伴隨着新問題、新矛盾的增量。香港特區政府治理、解決矛盾的難度加大，而政府原有的一些治理理念仍然根深蒂固，更加不利解決問題，從根本上影響了「一國兩制」的實踐。特別是特區政府盲目繼承港英時代的不干預經濟、自由經濟政策，認為政府是經濟的看守人，應減少干預，導致施政僵化、保守。香港經濟發展長期靠外的模式動能衰退，產業結構、分配結構、階級結構呈現極化現象，社會矛盾易燃易爆。

香港經濟深層次、結構性矛盾日益顯現，加之近年非法「佔

中」、「政改」、修例等政治議題干擾，使得香港經濟發展、社會建設、民生改善受到衝擊。早在 2005 年，時任總理溫家寶就提出香港的深層次矛盾問題。2010 年 3 月，溫家寶對香港在經濟上面臨的深層次矛盾進行了系統闡述。包括：一，如何發揮已有的優勢，繼續保持和發展香港的金融中心、航運中心和貿易中心的地位；二，如何結合香港的特點發展優勢產業，特別是服務業；三，要利用香港毗鄰內地的優勢，進一步加強香港與珠三角的聯繫。內地的廣闊市場、內地經濟的迅速發展是今後發展的潛力所在；四，香港人民要包容共濟、凝聚共識、團結一致，保持香港的繁榮穩定。香港今後不僅會在經濟上有很大的發展，而且還會按照《基本法》的規定循序漸進地發展民主政治；五，注重改善民生和發展教育。有學者認為，香港的深層次矛盾，主要體現在經濟發展與產業結構的矛盾、競爭力提升與高成本的矛盾、內生動力培育與過於依賴外部因素的矛盾、經濟增長與改善社會民生的矛盾。[2] 2019 年「修例風波」期間，國務院港澳辦發言人曾表示：「這次風波折射出香港社會一些深層次矛盾和問題已經到了必須高度重視，並採取有效措施加以解決的時候。一般市民，特別是年輕人，常常抱怨住房難、貧富差距大、向上流動難等社會問題，是長期積累形成的。成因複雜，需要找準癥結，找到有效的解決辦法。」

香港回歸以來出現諸多問題和挑戰，凸顯治理思維僵化，應

2　張玉閣、郭萬達：〈香港經濟未來發展面臨的挑戰與策略選擇〉，《港澳研究》，2013 年第 1 期（創刊號），第 42 頁。

對重大危機能力不足。香港發生的「修例風波」引發動亂，凸顯了特區政府應對重大危機方面的不足。香港特別行政區應堅持與時俱進，進一步提升治理水平和政府管治效能，促進治理體系和治理能力現代化。

一、積極不干預政策的反思與檢視

港英時期香港建立的現代經濟體系和積極不干預（positive non-interventionism）經濟政策與思維，為香港成長為亞洲四小龍發揮了重要作用。隨着時間的推移和內外形勢的發展，經濟體制和發展模式越來越不能與發展局面相適應，而且積累的問題越來越多，嚴重制約經濟社會發展。香港有必要根據內外形勢，特別是自身發展面臨的問題和挑戰，重新審視積極不干預的政策和思維，以適應發展需要。特別是經濟社會發展中出現的深層次矛盾，單靠市場是無法解決的，政府必須發揮更積極的干預功能，需要積極有為地引導經濟發展和民生改善。在面臨世界百年未有之大變局的複雜形勢下，政府必須更加有為，才能避險止損謀發展。

積極不干預政策是香港前財政司夏鼎基在 1980 年提出的，當時主要是用來界定政府和市場的關係，總的原則就是奉行「小政府，大市場」的概念。積極不干預政策被認為是香港經濟奇跡的重要原因。香港能夠從一個小漁港，發展成國際自由貿易和金融中心，一般很大程度認為是依賴採取積極不干預主義以及一套完備的不干預政策。最有爭議的是 1998 年政府入市干預，當時

就是由時任財政司司長曾蔭權操刀的。1998 年 8 月 14 日，香港在應對亞洲金融危機時主動入市干預，動用了 1200 億港元的儲備，擊退國際炒家。

政府是否應繼續奉行積極不干預政策，在香港日益產生爭議。回歸以來，面臨內外形勢的發展變化，政府和社會雖然對積極不干預的政策有所反思，但思維仍根深蒂固，對於是否需要改變積極不干預政策仍存在很多分歧和爭論。2006 年圍繞積極不干預的爭論，正是社會對這一思維的分歧，最終難以撬動這一政策取向。2006 年 9 月 11 日，時任行政長官曾蔭權明確表示，特區政府並不奉行積極不干預政策，並指這是「很久以前的事」。同月 18 日，曾蔭權在多份中英文報刊上，發表題為《大市場小政府 —— 我們恪守的經濟原則》的文章，對社會有關積極不干預和「小政府，大市場」經濟政策的議論作出回應。他表明，積極不干預並非一項非黑即白的政策。香港在經濟轉型中，政府的政策不能一成不變，要採取主動，結合政府與市場力量，締造最能支持經濟發展的環境。2006 年 10 月 6 日，一直視香港為「自由經濟的最後堡壘」的美國經濟學家米爾頓‧弗里德曼（Milton Friedman）在《華爾街日報》發表名為〈香港錯了〉（Hong Kong Wrong）的文章。文章認為香港特區正在放棄積極不干預政策，令積極不干預制度夭折，令香港「不再是自由經濟的閃亮象徵」，這是香港的「悲哀」。為回應關於香港是否已經放棄了積極不干預的經濟哲學，政府還專門發表聲明，表明他們沒有放棄積極不干預政策。

2015 年，時任行政長官梁振英表示，積極不干預政策在全

球和地區的競爭環境下已經過時，特區政府要引導和配合企業，不能將所有的民生事務交給市場。因此要適度有為地發展經濟、改善民生。梁振英上任的首份《施政報告》就闡述了這樣的概念：「在市場可以發揮優勢的時候，政府不應干預，只要提供公平競爭的平台。但當市場失效、未能發揮功能，政府一定要有所作為。」他在刊登的文章中則強調，如市場運行有違港人利益和社會整體利益時，政府必須有作為。

雖然特區政府有反思，甚至有意調整積極不干預政策，但實際上經濟政策和思維理念並沒有變化。政府依然選擇「小」，寄望於市場的「大」來解決問題。但結果是小政府無為或力度不夠，大市場導致資本更加無序擴張，各種問題日益嚴重，經濟結構日益兩極化，社會民生問題更加難解。調整積極不干預政策當然不是矯枉過正，市場仍然要發揮資源分配的決定性作用，政府的角色不應再僅僅是配合，還需要引導和投入必要的政策，特別是那些單靠市場長期得不到解決的問題，更需要政府的介入。

二、貧富差距擴大的反思與檢視

香港貧富懸殊，是全球裙帶資本主義最嚴重的經濟體。2020年11月，英國經濟學人智庫（Economist Intelligence Unit, EIU）發佈的《全球生活成本調查報告》顯示，香港連續第二年成為全球 130 個城市當中，生活成本最高的地方，與蘇黎世和巴黎並列榜首。然而，後兩者以社會福利聞名，但香港既沒有符合生活開銷的合理工資，又沒有免費醫療等基本福利，更沒有全民退休

保障。2020 年 1 月，根據國際公共政策顧問機構 Demographia 的《國際樓價負擔能力調查報告》(Annual Demographia International Housing Affordability Survey)，香港連續十年登上全球樓價最難負擔城市，樓價對家庭收入中位數比率高達 20.8 倍。這意味着普通香港家庭需要不吃不喝 20.8 年才能置業。2014 年 3 月，《經濟學人》雜誌發佈的全球裙帶資本主義指數 (crony capitalism) 顯示，中國香港已成為全球裙帶資本主義最嚴重的地方，財富集中度接近 80%，並且遠遠高於其他國家和地區，排名第二的俄羅斯為 20%，可見中國香港的財富集中度之高。2014 年瑞士信貸 (Credit Suisse Group) 發佈的《2014 年全球財富報告》(Global Wealth Data Book 2014) 顯示，香港最富有的 1% 的人口擁有超過香港整體財富的 52.6%，最富有的 10% 的人口擁有 77.5% 的財富。[3]

公開數據顯示，從 1971 年開始，香港的堅尼系數不斷上升。1971 年初，堅尼系數為 0.43。1986 年至 1996 年，數值開始出現跳躍性增長，由 0.453 升至 0.518，隨後增速放緩，2012 年達到 0.537，2016 年再升至 0.539 的歷史高位。有研究表明，相比於其他經濟體，過去 30 年香港的貧富差距惡化程度尤為突出。在 20 世紀的最後 20 年，中國香港的堅尼系數在四小龍中位列首位，在東亞八個經濟體中僅比泰國略低。就人均收入而言，香港是世界上最富裕的經濟體之一；就家庭收入不平等狀況而

3　Credit Suisse, Global Wealth Databook 2014, https://www.credit-suisse.com/about-us/en/reports-research/global-wealth-report.html

言，香港卻是世界上最糟糕的經濟體之一，而且情況還在不斷惡化。[4] 2013 年 9 月，香港特區政府扶貧委員會公佈生活在貧窮線（三口之家月入少於 11500 港元）以下的香港家庭，佔全港家庭的 19.6%。又據香港大學周永新教授對香港貧困狀況的研究，香港 40% 的勞動力，即約為 130 萬的人口，可以歸入新貧窮人口（月入 1 萬到 2 萬港幣之間），而四年前為 100 萬，這意味着越來越多的香港大學生，一出校門就要邁進貧窮的行列。[5] 香港貧窮問題突出，經濟發展沒有與民生改善成正比。香港作為亞洲四小龍之一，始終被認為是富裕地區。但香港不僅僅有貧窮問題，而且還有着背景複雜的貧窮問題。[6] 香港特區政府發佈的《2018 年香港貧窮情況報告》顯示，約有 14.9% 的人口，即超過 102 萬人處於貧困狀態。樂施會於 2018 年發表的《香港不平等報告》顯示，香港最富裕的一成住戶及最貧窮的一成住戶之月入差距，已由 2006 年的 34 倍擴大至 2016 年的 44 倍。至於全球用以衡量收入分配公平程度的堅尼系數，中國香港也由 2006 年的 0.533 惡化至 2016 年的 0.539，即使除稅後也仍高達 0.473，比美國的 0.391、新加坡的 0.356、英國的 0.351 更為嚴重。香港特區政府在 2021 年 11 月發佈的《2020 年香港貧窮情況報告》顯示，香港

4　王紹光、夏瑛：〈再分配與不平等 —— 香港案例對中國大陸的啟示〉，《比較》，2010 年 4 月。

5　周永新：《真實的貧困面貌：綜觀香港社會 60 年》，香港：中華書局，2014 年。

6　陳功：〈香港的貧窮問題〉，FT 中文網，2014 年 10 月 9 日。http://www.ftchinese.com/story/001058502。喬希‧諾布爾：〈經濟不平等加劇香港政治分歧〉，FT 中文網，2014 年 10 月 21 日，http://www.ftchinese.com/story/001058726?full=y&archive。

貧窮人口高達 165.3 萬（政策介入前），貧窮率達 23.6%，數字為歷年新高。2016 年，除稅前及福利轉移前的原住戶，堅尼系數為 0.539，除稅後及福利轉移後仍高企 0.473，是各先進國家及地區中貧富差距最大的地區。報告同時指出，特區政府做了大量扶貧工作，成功抑壓貧窮人口增長。例如在綜援（綜合社會保障援助計劃）、職津等恆常現金政策介入後，全港整體貧窮率減至 17.3%，貧窮人口減至約 121 萬人，但仍按年增 11 萬人。這裏貧窮指的是相對貧窮，貧窮線在 2020 年修改為二人家庭 9500 港元，三人 16000 港元，四人 20800 港元。2022 年 10 月，樂施會發佈的《香港貧窮狀況報告》顯示，香港疫下貧富差距擴至逾 47 倍。樂施會根據香港特區政府統計處 2019 年至 2021 年的數據，發現最貧窮與最富裕的住戶月入中位數差距大幅擴大，由新冠疫情前的 34.3 倍擴大至 2022 年第一季的 47.3 倍，反映疫情下貧富懸殊越來越嚴重。2023 年 9 月，樂施會發表最新《香港貧窮狀況報告》，分析特區政府統計處數據，發現 2023 年第一季度的香港整體貧窮率為 20%，逾 136 萬人處於貧窮狀態。疫情前後的貧富差距由 2019 年的 34.3 倍，擴大至 2023 年第一季的 57.7 倍。

中央高度關注香港民眾對美好生活的訴求，特區政府必須切實作為。2021 年 3 月，全國兩會期間，中共中央政治局常委、國務院副總理、中央港澳工作領導小組組長韓正提到香港的住房問題時，指出香港住房問題有其歷史和發展過程，解決這個問題，難度是很大，但總要有開始解決的時候，如果一直就這樣，沒有、形不成共識，也沒有解決辦法，最後損害的是全港老百姓的利益。習近平主席在香港回歸 25 周年大會上也提出要求，新

一屆特別行政區政府要務實有為、不負人民，把全社會，特別是普通市民的期盼作為施政的最大追求，拿出更果敢的魄力，更有效的舉措破難而進，讓發展成果惠及全體市民。讓每位市民都堅信，只要辛勤工作，就完全能夠改變自己和家人的生活。[7] 香港社會的貧富差距、土地房屋等問題已經嚴重影響「一國兩制」的實踐。回歸以來，香港發生劇烈的社會動盪，也折射出一些深層次矛盾和問題已經到了必須高度重視並採取有效措施的時候。這些問題與民眾的切身利益相關，長期得不到緩解和解決，會直接影響香港民眾對「一國兩制」的認知。住房難、貧富差距大、向上流動難等社會問題，雖然是長期積累形成的，成因複雜，但特區政府必須認識到緩解和解決這些問題的緊迫性和急迫性，調動多方力量，將政府與市場、官方與民間、香港與內地、短期與長期相結合，找準癥結，大力作為，切實讓民眾看到希望和未來。

三、經濟結構和產業結構不平衡

香港經濟以服務業為主，服務業產值佔經濟總量的 90% 以上，是世界上服務業佔 GDP 比重最高的經濟體。金融、貿易以及物流、旅遊和工商及專業服務是香港四個主要行業。2020 年，四大行業增加值合計佔 GDP 55.1%，就業人數佔 2020 年總就業人數的 41.1%，是香港經濟發展動力所在。然而過度依賴四大產

7　習近平：〈在慶祝香港回歸祖國 25 周年大會暨香港特別行政區第六屆政府就職典禮上的講話〉，《人民日報》，2022 年 7 月 2 日，第 2 版。

業，導致香港經濟發展的結構不合理、經濟發展的空間狹小，同時面對內地和周邊的競爭壓力是香港經濟面臨的重大挑戰。[8] 當前，香港經濟發展面對最大的問題是四大支柱產業的優勢漸失，而六項優勢產業（文化及創意產業、醫療產業、教育產業、創新科技產業、檢測及認證產業和環保產業）卻未能全面發展。近年來經濟發展過程畸形，製造業比重持續下降，基本經濟結構過於偏重地產、金融等。經濟發展過度依賴，造成產業發展失衡、經濟轉型緩慢、泡沫化風險增大，依靠內部增長需求帶動效應乏力。近年，香港賣地收入幾近佔到政府年度總收入的 30%。香港經濟的產業結構，以就業人數計算，服務業所佔的比重從 80 年代初的 47% 增至當前的 87.5%，以實質本地生產總值計算，服務業比重由 74% 增至 92.6%。值得期待的是，香港特區政府已經在發展規劃中提出，要在 2032 年將香港製造業佔 GDP 的比例提升至約 5% 左右。同樣問題，澳門長期以來博彩業一業獨大，經濟適度多元化進展緩慢。一方面，博彩業拉動了澳門經濟高速增長。博彩業毛利潤在 2002 年時只有 221.8 億澳門元，而 2018 年更是突破 3000 億澳門元。博彩業成為澳門經濟支柱，博彩收入成為政府主要收入來源。然而博彩業的過度發展，佔用了大量土地、人力、資金等資源，對其他行業形成明顯擠壓，多元發展的內生動力不足。過度依賴博彩業，造成澳門經濟抗風險能力較差。特別是 2020 年受新冠疫情的影響，經濟衰退嚴重，負

8　　張玉閣、郭萬達：〈香港經濟未來發展面臨的挑戰與策略選擇〉，《港澳研究》，
　　　2013 年第 1 期。

增長達 60% 以上。

四、維護國家安全的能力欠缺

香港維護國家安全的法律制度和執行機制長期缺失的後果，是香港近年來以 2014 年非法「佔中」和 2019 年「修例風波」為代表的危害國家安全的事件頻發，嚴重損害國家主權、安全、發展利益，衝擊香港的法治秩序和社會穩定，影響香港同胞與內地民眾之間的情感。2019 年 8 月，研究和諮詢組織經濟學人智庫發表 2019 年全球城市安全指數，香港的排名跌出前 10，由 2017 年第 9 位，大幅跌至第 20 位。2019 年 9 月，國際評級機構惠譽將香港的信用評級由 AA+ 轉為 AA，並將評級展望由「穩定」轉為「負面」，這是該機構 24 年來首次下調香港評級。香港在履行維護國家安全責任的法律制度方面長期空白，這為內部的反對勢力危害國家安全、外國和境外勢力介入香港事務，乃至在香港推行顏色革命提供了空間。2009 年 2 月，澳門特別行政區完成《基本法》第二十三條的國家安全立法，並在 2018 年 9 月建立了維護國家安全委員會等執行機制。而香港的危害國家安全行為愈演愈烈，回歸多年仍未能完成《基本法》二十三條國家安全立法。因此中央政府出手制定了《香港國家安全法》，重點治理分裂國家、顛覆國家政權、恐怖主義活動和勾結外部勢力這四類嚴重危害國家安全的行為，並設立了相應的執行機制。這並不表明設立《香港國家安全法》就萬事大吉、高枕無憂。香港仍需落實維護國家安全的法律制度和執行機制，仍要推動維護國家安全法律的

立法和執行。

五、社會對內地與香港融合發展的一些片面認識

從基礎設施方面來看，廣深港高鐵、粵港澳大橋等融合發展，基本上實現了香港與內地在海陸空的互聯互通。但一個不容忽視的事實是，從香港社會對融合發展的認識來看，遠沒有達到像基礎設施一樣互聯互通，甚至還存在很多疑慮。

香港與內地的融合發展其實與改革開放的進程幾乎同步，只不過主導方和內涵發生了變化。改革開放初中期，融合發展以香港為主導方，香港的商人、專業人士等到內地經商、從業，為內地的發展作出積極貢獻。當時不少港人認為香港比內地的制度優越，內地會被香港的制度所融合，所以對香港自身的發展很有信心。但從內地的視角來看，不少內地人士認為，內地會藉助包括香港在內的對外平台，通過改革開放實現國家的發展，而兩地的制度差異會相安無事，即所謂的河水不犯井水。

時移世易，經過幾十年的兩地互動，內地經濟發展取得的成就令世界矚目。在經濟發展的過程中，內地也在大力推進依法治國、環境治理等國家治理實踐。而香港在國家安全、國民教育、政制發展、「港獨」思潮等問題上對中央提出挑戰，導致中央要加強對香港的全面管治權。與此同時，2017 年中共十九大報告的話語是「要支持香港、澳門融入國家發展大局」。黨的十九大報告強調要支持港澳融入國家發展大局，完善便利港澳居民在內地發展的政策措施，其根本目的就是希望香港藉助國家實現自身

發展，讓香港民眾對包括大灣區在內的國家發展有獲得感。在這個背景下，兩地的制度差異沒有相安無事，反而在「一國兩制」框架下直接交鋒，帶來意想不到的管治難題。

顯然，面對不同的發展格局以及內外環境，內地與香港對融合發展的認識是不同的。近年來我頻繁往返內地與香港，與香港各界多次接觸和交流。在談到融合發展時時常聽到一些獨特的看法。這些看法主要包括兩方面。

第一，內地吸引香港青年到內地就業、創業引起香港社會的憂慮，即是否會掏空香港人才，香港的發展會否失去青年人才支撐？但實際上，香港青年赴內地就業、創業的比例非常小，各地出台的政策並沒有吸引大量香港青年到內地就業創業。但內地大力宣傳，不斷出台便利香港居民的政策時，容易導致香港社會擔憂和誤解，主要認為這是中央邊緣化香港的政策。香港與內地的融合發展，特別是推動粵港澳大灣區的建設，會引起香港以本土為主要市場的商界憂慮。由於香港部分企業競爭力已經不如內地企業，兩地融合發展會否被內地企業佔領香港市場，擠壓本地企業的市場空間？與香港特區政府宣傳的香港在大灣區發展具有的金融、商貿、法治等優勢不同，民調顯示多達 56% 的香港民眾表示香港與大灣區其他城市比較，其優勢很少或完全沒有優勢。其實，香港是最市場化、最自由開放的經濟體，就算沒有內地企業來港，也必然有外國企業來港。香港本地企業應該在競爭中提升自身優勢，而不是歸咎內地企業來港壓縮其發展空間。

隨着「一國兩制」在香港的實踐和兩地融合發展過程中，出現了很多新情況、新問題，需要予以應對，比如高鐵的「一地兩

檢」、港珠澳大橋的通關等。但這引起香港社會憂慮，即「一國兩制」實踐的不斷創新會否壓縮「一國兩制」的內涵和範疇？然而中央對港政策，是嚴格按照《憲法》和《基本法》落實「一國兩制」，並沒有隨意地跳脫「一國兩制」的範疇。

第二，兩地融合發展，香港越來越依靠內地，國際化的香港會否被內地化？在國際化、內地化、本土化之間如何平衡？香港中文大學發佈的調查顯示，有近 30% 受訪香港民眾認為香港加入大灣區規劃能為香港經濟發展帶來好處，認為會帶來壞處的比率為 12%，以好壞參半作答，持不明確態度的受訪市民仍高達45%。雖然民調顯示港人對兩地融合發展不是很樂觀，但融合發展正是要將香港的國際化優勢融入到內地的優勢之中，使其能將本港與內地的優勢相結合，以提升、鞏固香港的國際金融中心地位。

香港不少人士缺少大局觀、缺少從國家的高度來認識問題，沒有契合香港在國家發展中的角色，眼光往往只聚焦香港的利益，沒有將世界形勢、國家大局和香港利益結合在一起。這種狹隘視角把國家與香港對立起來，不利香港融入國家發展，更不利香港的長遠發展。

雖然內地經濟社會發展仍面臨不少問題，但整體上看，經濟社會發展的平衡性、協調性、可持續性明顯增強，正朝向更高質量、更有效率、更加公平、更持續、更為安全的發展之路。內地高質量發展、新發展理念將創新作為第一動力，結合新的實踐不斷推進理論創新、制度創新、政策創新，以實現高質量的發展。香港的發展沒有必要模仿內地，但也沒有必要複製西方。雖說內

地和西方的優點值得借鑑，香港的發展還是要契合實際情況。香港多年累積下來，相對於內地的優越感慣性使然，不願對內地的發展變化及時作出適當改變，實際上也不想作出改變，到如今已經不能作出改變了。當整個世界都在加深對內地崛起的了解和理解時，香港卻對內地的發展變化視而不見，還在秉持着傲慢與偏見。結果就是最近水樓台，具有把握內地發展機會的香港蹉跎歲月。香港一直說其國際化程度高，具有國際思維和國際視野，唯一路向西的國際化思維和視野，卻正正沒有北望神州，沒看到內地的國際化。

香港的深層次矛盾不僅僅是經濟上的貧富差距、民生發展等問題。這種深層次的結構性矛盾，更有中央與香港在政治上、制度上的認知差異所帶來對「一國兩制」理解的偏差，進而導致政治衝突。政治上的深層次矛盾更可能是影響「一國兩制」在香港實踐的癥結。「一國兩制」在香港的實踐過往沒有順風順水，現在仍然磕磕絆絆，未來更加不可能中規中矩，與我們的期待存在很大的差距。但「一國兩制」體現中國的和合哲學理念，求大同，存大異則是最佳體現。雖然一國與兩制的矛盾、社會主義制度與資本主義制度的矛盾、中央管治與高度自治的矛盾等仍然存在，甚至存在矛盾激化的可能，只要「一國兩制」的初心和實踐「一國兩制」的信心不變，各個利益攸關方就應創新思維，共同應對新時代「一國兩制」在香港實踐中出現的新情況、新問題，[9] 共同

9　饒戈平：〈站在歷史新起點的「一國兩制」〉，《紫荊》，2018 年第 1 期。

推進「一國兩制」走向中華民族的偉大復興。

第二節　香港深層次結構性問題的解決之道

　　香港深層次結構性問題既已形成，只能直面解決。要緩解和解決香港的深層次結構性問題，沒有靈丹妙藥，必須確立「以人民為中心」的發展理念，通過實幹和發展來解決。

　　第一，香港特區政府需負上發展經濟、改善民生、緩解以及解決香港深層次結構性矛盾的主體責任。中央政府大力支持香港發展經濟、改善民生，在政策文件以及各種重要場合不斷宣示政策。中央政府通過五年規劃、國家重大發展戰略以及各種惠港政策予以支持，但中央不能代替香港特區去處理和解決這些問題。對於香港特區政府在發展經濟、改善民生方面向中央政府提出的要求，中央可謂有求必應。中央政府不遺餘力地支持香港發展經濟、改善民生，促進發展成果惠及全體市民。近年來，中央政府大力支持香港參與「一帶一路」和粵港澳大灣區建設，在「十二五」、「十三五」以及「十四五」和 2035 年遠景目標規劃中支持香港發展，支持香港充分利用所長，在服務國家的過程中努力實現自我發展。香港的安全、政制問題，中央可以依法從中央層面通過制定及實施《香港國家安全法》和完善選舉制度的方式解決，但經濟、社會、民生問題則要依靠香港自身來解決，中央不可能代替特區政府施政。融入國家發展大局是香港實現更好發

展的重大機遇。國家的強大實力，不斷推進的各種重大發展戰略是香港最大的依託、依靠和憑藉。國家超大體量的經濟規模、超大規模的市場空間、超大空間的發展前景為香港提供廣闊的戰略發展空間和縱深的發展機遇。

　　第二，香港特區政府要從戰略高度，認識到解決香港深層次問題的重要性，把握有利條件，通過發展，謀求解決之道。能否解決香港深層次問題，關係到國家和香港利益，直接影響「一國兩制」的實踐能否行穩致遠。2014 年 6 月，《「一國兩制」在香港特別行政區的實踐》白皮書就指出，發展經濟、改善民生，是廣大香港市民的共同願望，是香港特別行政區解決社會矛盾、維護大局穩定的重要基礎，是政府依法施政的主要任務。[10] 2021 年12 月，《「一國兩制」下香港的民主發展》白皮書也明確指出，中央政府堅定不移地推動香港民主發展，根本目的就是為了通過建構、實踐符合香港的民主制度，更好地促進經濟高質量發展，不斷改善民生，增進港人福祉，切實解決居民急難愁盼的問題和深層次矛盾，讓經濟社會發展的成果惠及全體香港居民，保持香港作為國際金融、航運、貿易等中心的地位，從而確保香港長期繁榮穩定，確保香港在中華民族偉大復興進程中不僅不掉隊，而且增光添彩，發揮更大作用。[11] 從兩個白皮書內容可以看到，中央高度重視香港的經濟民生問題。在由治及興的關鍵階段，香港政

10　國務院新聞辦公室：《「一國兩制」在香港特別行政區的實踐》白皮書，北京：人民出版社，2014 年，第 36 頁。

11　國務院新聞辦公室：《「一國兩制」下香港的民主發展》白皮書，北京：人民出版社，2021 年，第 56-57 頁。

治生態得到根本改變，提高治理效能和實現發展具有較好的政治性條件；香港融入國家發展大局呈現不可逆轉的態勢，中央對香港的發展給予戰略性支持，香港發展具有較好的經濟性條件；長期形成的獨特地位和顯著優勢仍具有堅實的基礎，為提高自身競爭力具有較好的制度性條件；香港雖然面臨複雜和充滿挑戰的國際環境，但香港仍具有以自身優勢，謀得與國際互聯互通的功能性條件。[12] 香港必須充分利用戰略性條件，謀求發展。中央政府支持香港積極穩妥地推進改革，破除利益固化的藩籬，充分釋放社會蘊藏的巨大創造力和發展活力。「愛國者治港」原則有利於提升管治效能，能夠更好地讓特區政府聚焦社會、經濟、民生等問題，特別是讓一些拖而不決、決而不議、議而不行的問題得到切實的緩解和解決。另外，香港的國際化程度在下降，雖然有各方面的原因，但要對此予以關注。從多方面數據來看，內地在香港各種指標中的比例不斷上升，國際層面的比例則在下降。如果內地在各種指標體系中的比例都佔據高位，不利香港的國際化，不利香港的國際認同，會削弱香港的國際影響力。

第三，香港特區政府要轉變治理理念，把握政府和市場的關係，把有為政府同高效市場更好結合起來。[13] 香港房價高企、貧富差距大、經濟結構單一、產業空心化、年輕人向上流動難，這些問題是深層次的、多方面的，有複雜的歷史因素、社會根源，

12　張建：〈新階段香港實現新飛躍具有戰略性有利條件〉，《光明日報》，2022年7月20日。

13　習近平：〈在慶祝香港回歸祖國25周年大會暨香港特別行政區第六屆政府就職典禮上的講話〉，《人民日報》，2022年7月2日，第2版。

也有國際背景。這些矛盾，有些是回歸之前就存在的，有些是近年來累積而成的。當然，也必須承認，發展經濟、改善民生、解決深層次問題也充滿各種挑戰和不確定性。解決這些問題不是一日之功，需要綜合政策、多管齊下。但如果再任由深層次矛盾和問題延宕下去，這些問題和矛盾的集聚將達到臨界點，社會將面臨更加嚴峻的挑戰。20 世紀 70、80 年代香港成為亞洲四小龍，獲得發展的先發優勢。回歸以來，手握巨大先發優勢的香港，過度沉迷發展的優越感和幾個產業帶來的繁榮，沒有抓住內地龐大的後發機會，藉助自身的先發優勢實現更好的發展。另外，對於回歸前就存在的問題，以及回歸以來出現的問題，要麼對問題視而不見，要麼沒有決心在初期階段投入資源解決，導致問題積重難返。習近平總書記在澳門回歸 20 周年慶祝大會的發言中，要求特別行政區政府要適應現代社會治理發展變化及其新要求，推進公共行政等制度改革，提高政府管治效能，促進治理體系和治理能力現代化。要把依法辦事作為特別行政區治理的基本準則，不斷健全、完善依法治澳的制度體系。要善用科技，加快建設智慧城市，以大數據等信息化技術，推進政府管理和社會治理模式創新，不斷促進政府決策科學化、社會治理精準化、公共服務高效化。[14] 對澳門的要求同樣適用於香港。香港長期以來奉行「小政府，大市場」和積極不干預自由經濟政策，但面對內外形勢的變化，特別是外部風險和內部矛盾，有必要轉變治理理念、思維

---

14 習近平：〈在慶祝香港回歸祖國 25 周年大會暨香港特別行政區第六屆政府就職典禮上的講話〉，《人民日報》，2022 年 7 月 2 日，第 2 版。

和實踐，以發揮政府在治理中的積極角色。令人欣喜的是，2022年 10 月，香港特區政府行政長官李家超發佈的《施政報告》中，提出大量解決民生問題、推動經濟增長的政策和措施，以實現香港的高質量發展。

第七章

香港國家安全立法、
成效評估及面臨的問題

20 世紀 80 年代後期制定《香港基本法》的時候，如何維護國家安全是各方關注的重要內容。基於香港的歷史背景和實際情況，特別是中央政府對特別行政區政府的充分信任，中央將《基本法》第二十三條立法的責任交給特區政府。《香港基本法》第二十三條規定，「香港特別行政區應自行立法禁止任何叛國、分裂國家、煽動叛亂、顛覆中央人民政府及竊取國家機密的行為，禁止外國的政治性組織或團體在香港特別行政區進行政治活動，禁止香港特別行政區的政治性組織或團體與外國的政治性組織或團體建立聯繫」。從二十三條的條文來看，全國人大通過《基本法》，授權香港特別行政區可以從本地的實際情況出發，根據法治實踐的現實需要以及立法傳統，根據《基本法》規定的立法程序，自行制定有關維護國家安全的法律，用以懲處叛國、分裂國家、煽動叛亂等七種危害國家安全的行為。

　　《基本法》第二十三條規定特區政府自行立法，是中央對特區最大的信任。2002 年 9 月 24 日，香港特區政府公佈了實施《基本法》第二十三條的諮詢文件，標誌着香港特區政府正式啟動制定國家安全法律的進程。時任行政長官董建華反覆強調，《基本法》第二十三條立法關係到國家尊嚴、民族榮辱的大事。維護國家安全，是「一國兩制」、港人治港能夠成功實施的前提，是維繫香港與內地良好關係的要素，是香港經濟振興的基本條件，是保障香港長遠利益的必要工作。鑑於當時香港社會的疑慮和反對，特別是在 2003 年 7 月 1 日發生 50 萬人上街遊行反對二十三條立法，2003 年 9 月 5 日，董建華不得不宣佈撤回條例草案，《基本法》二十三條立法夭折。

回歸多年來，香港特別行政區長期沒有承擔國家安全立法的憲制責任，導致國家安全風險不斷凸顯。香港特區在維護國家安全方面的風險，體現在「港獨」組織和本土激進分離勢力活動日益猖獗，暴力恐怖主義活動不斷升級，外部勢力赤裸裸的干預不斷加劇，「港獨」、「台獨」同流合污等。這些風險在 2019 年「修例風波」期間集中爆發，對社會穩定和經濟民生造成極其嚴重的破壞。

第一節　「修例風波」的緣起

　　2018 年 2 月，陳同佳涉嫌在台灣殺害懷孕女友後潛逃回港。由於香港對該案沒有管轄權，為將涉案者移送台灣受審，並填補香港與內地、台灣、澳門之間不能相互移交逃犯的法律漏洞，2019 年 2 月特區政府提出修訂《逃犯條例》和《刑事事宜相互法律協助條例》。香港特區政府希望通過修例，允許香港通過特別安排，與尚未簽訂移交逃犯和刑事司法協助協議的內地、澳門和台灣開展移交犯罪嫌疑人和逃犯的合作。此舉既有利於處理上述個案，又有利於堵塞現有法律制度的漏洞，以共同打擊犯罪，彰顯法治和公義。中國內部不同司法管轄區之間開展司法領域的互助，避免為犯罪分子提供避風港，是落實「一國兩制」原則的應有之義。

　　回歸以來，在中央的支持下，香港與 31 個國家簽訂了刑事

司法協助協定。回歸前夕以及回歸以來，與 20 個國家簽訂了移交逃犯協定。[1] 香港特區政府提議修訂《逃犯條例》和《刑事事宜相互法律協助條例》，目的是將香港與內地其他地區移交逃犯合作和刑事司法互助納入條例適用範圍，是將與其他地區的相關合作制度比照適用，這樣的制度不會影響司法獨立。

自 1997 年初中國香港通過《逃犯條例》後，在中央人民政府協助或授權下，通過一對一協商談判，中國香港與 20 個國家簽訂了長期移交逃犯協議。截止 2018 年年底，中國香港自 1997 年至 2018 年，共接獲 204 項涉及 218 名逃犯的移交請求，但最終特區政府拒絕了一半請求，向外國移交了 109 名逃犯。其中向美國移交人數達 68 人，超過向其他國家移交人數的總和。另外，向澳大利亞移交 10 人，向英國移交 8 人，向加拿大移交 7 人，向韓國移交 4 人，向新加坡移交 4 人，向荷蘭移交 3 人，向菲律賓移交 2 人，向印度移交 1 人，向新西蘭移交 1 人，向馬來西亞移交 1 人。所涉罪行包括：毒品 38 個；侵犯財產罪行，如搶劫、詐騙等 32 個；洗錢 13 個；殺人 12 個；偽造 12 個；性罪行 9 個；網路罪行 8 個；襲擊或傷人 5 個；與出入境相關罪行 3 個；貪污罪行 2 個；槍支罪行 2 個。反觀外國向中國香港移交逃犯的情況，中國香港自 1997 年至 2018 年，共發出涉及 119 名逃犯的 125 項移交請求，最終 75 名逃犯被移交返港。當中移交數量

1　「修例風波」發生後，美國、英國、澳大利亞、法國、加拿大、芬蘭、德國、愛爾蘭、荷蘭、新西蘭等單方面中止了與中國香港的刑事司法協助協定和移交逃犯協定。

最大的是美國，達 23 人。另外，加拿大移交 19 人，英國移交 10 人，澳大利亞移交 8 人，新西蘭移交 3 人，馬來西亞移交 3 人，德國移交 3 人，新加坡移交 2 人，柬埔寨移交 1 人，越南移交 1 人，希臘移交 1 人，菲律賓移交 1 人。所涉罪行數目包括：侵犯財產罪行，如搶劫、詐騙等 46 個；串謀欺詐或詐騙 13 個；偽造罪行 12 個；貪污或賄賂 10 個；洗錢 10 個；與毒品相關罪行 5 個；與證券及期貨交易相關罪行 4 個；襲擊或傷人 3 個；謀殺或誤殺 3 個；與公司有關罪行 3 個。

由於不少香港市民對內地的情況和法律制度、司法制度了解不多，一些別有用心的人和媒體趁機散播各種危言聳聽的言論，製造社會恐慌，阻撓《逃犯條例》和《刑事事宜相互法律協助條例》法案在立法會審議通過。2019 年 5 月 20 日，特區政府提出條例草案審議，要求立法會於 6 月 12 日恢復二讀。6 月 9 日爆發百萬人大遊行。政府當晚宣佈如期於 6 月 12 日二讀。6 月 12 日，反修例示威者包圍立法會，爆發示威者與警察的衝突。當時特區政府定性事件為暴動。6 月 15 日，時任行政長官林鄭月娥宣佈暫緩修例。7 月 1 日，示威者佔領立法會。7 月 21 日，示威者攻擊中聯辦。8 月 7 日，國務院港澳辦主任張曉明表示「止暴制亂，恢復秩序」是香港當前最緊迫和壓倒一切的任務。9 月 4 日，林鄭月娥宣佈，正式撤回修例。

第二節 「修例風波」的負面影響

介入「修例風波」的三股勢力是以香港反對勢力為首的反中亂港勢力，以美國為首的反華反共勢力，以民進黨為首的反中謀獨勢力。在反對派的蠱惑煽動和外部勢力的插手干預下，香港出現曠日持久的社會政治動盪和街頭暴力活動，「一國兩制」在香港的實踐遭遇前所未有的嚴峻挑戰。這場修例風波充分暴露出香港政治、經濟、社會等方面的深層次矛盾和問題，也進一步凸顯完善香港治理制度的必要性和緊迫性。經歷 2019 年的政治動盪，香港亂的因素增多，變的速度加快，治的難度加大。在反對派與特區政府之間的對抗加大，建制派與特區政府之間呈現矛盾的政治格局下，香港特區政府的有效施政面臨巨大挑戰。

第一，香港的政治生態惡化，導致特區政府管治威信大受衝擊，支持政府的民眾、建制力量更加分化，不利於香港社會的穩定。在此次《逃犯條例》修訂中，特區政府堅持掌握了修例的合法、合理性，認為在立法會有足夠票數通過。但林鄭月娥及其決策團隊低估了香港和國際社會的強烈反應，多次錯判民意趨向，危機處理不到位，造成極其被動的局面。此次事件造成民眾對林鄭月娥及其政府的信任度大幅下降。處理事件引發的危機，也造成建制力量的分化。特區政府施政面臨更大的民意壓力和困難，深層次社會矛盾更加難以解決。

2019 年香港內外出現了結構的根本轉變，政治生態更加惡化，政府管治能力大幅下降，反對力量壯大，暴力趨向常態化。

社會中不同政治立場人士的對立、敵視情緒進一步加劇。反對勢力藉重要時間節點（新年前後、監警會公佈調查結果、立法會補選、《基本法》頒佈 30 周年、6 月 12 日暴亂發生一周年等）遊行示威，破壞公共設施成為主要策略，包括以流動、流竄方式干擾社會秩序。另外，反對勢力尋求新的事件（一些焦點嫌疑人的判刑）、方式（黃色經濟圈）來延續局勢，進行長期抗爭。反對暴力的民眾的信心在持續的暴力干擾、恐嚇下受到衝擊，越來越多人選擇沉默，更加不利緩和、平息局勢。

反對勢力覬覦立法會選舉，建制派佔優勢的功能組別面臨被翻盤的風險。在暴亂尚未平息、社會嚴重撕裂氛圍下，2019 年 11 月進行的區議會選舉，建制派遭受重創，反對勢力以區議會作為平台，獲得了基層的發展空間，給未來香港的政治發展留下重大隱患。面對 2020 年 9 月的立法會選舉，反對勢力積極為立法會選舉造勢，不但在地區直選中積極動員，使區議會選舉中催生大量選民，甚至在建制派佔優勢的功能組別，也有計劃、有針對性地推進佈局以影響選情，包括通過大量成立工會組織的方式，試圖在勞工界議席中取得優勢、通過推動食物業牌照持有人登記為選民（團體），影響飲食界議席。另外，反對派在旅遊界、工程界、建築、測量、都市規劃及園境界、體育、演藝、文化及出版界等界別也根據選舉規則進行操作，目的就是要將長期由建制派出任的功能組別議席翻盤。

香港社會出現去中國化的氛圍，顯性和隱性的「港獨」理念不斷擴展，不可忽視。「反中」的論述層出不窮（比如關於「黃色經濟圈」的論述），特別是在青年羣體中大有市場。香港的去中

國化趨勢，主要是在民間層面出現的。台灣地區的去中國化，是以政府為主導。這表明香港社會層面的問題更加複雜嚴峻。「港獨」勢力利用反修例運動作為載體，尋求壯大發展空間，在社會層面以本土之名或直接公開宣揚「港獨」理念，擴大了去中國化的氛圍。

第二，香港的國家安全形勢的惡化，對中央管治香港提出新的挑戰。反修例事件反映了香港社會對維護國家安全意識的淡薄，甚至對國家安全的衝撞不斷升級。此次事件後，《基本法》規定的香港特區政府自行立法維護國家安全的要求，更加難以實現，國家安全立法的環境更加惡劣，未來可能要由中央政府出面處理香港的國家安全問題。另外，未來如何面對這種香港民眾對內地政治制度、司法制度的不信任，也為中央管治香港、全面管治權在香港的的落實、落地增添了新的風險和挑戰。西方持續打「香港牌」，惡化中國香港的局勢。2020 年美國大選，一些總統參選人、尋求連任的國會議員為贏得關注，持續炒作中國香港議題，同時與反對派勢力勾連，繼續推動涉港法案。美國於 2019 年通過《香港人權與民主法案》，行政當局面臨執行該法案的壓力，反對派勢力繼續遊說美國國會、行政當局，為執行法案施加壓力；美國國會則要求行政當局落實法案。落實該法案必然會給中美關係、對中國香港局勢帶來衝擊。美國對中國香港政策更加意識形態化，不再以經貿利益為先，而是更加側重中國香港的政治利用價值。美國充分利用中國香港作為中美大國博弈的籌碼，進一步加大對中國香港事務的全介入力度。

第三，重創了香港的國際聲譽，惡化了國際社會對「一國兩

制」的認識，對探索台灣方案造成極大負面影響。反修例事件受到國際社會的廣泛關注，國際輿論，特別是西方媒體的負面報道，造成香港的國際聲譽受到損害。部分不明真相或受西方輿論影響的國際社會，甚至對「一國兩制」提出了巨大質疑，將責任歸咎於中國政府。事件也加劇台灣對「一國兩制」台灣方案的反對和疑慮。長遠來看，甚至對包括國家統一在內的中華民族偉大復興造成負面影響。

第四，破壞國家對香港的戰略定位，對國家治理、治國理政提出新的挑戰。從社會層面來看，反對修例的民眾雖然規模龐大，但仍是少數，但對其非理性甚至非法的訴求不予以回應，則會造成社會動盪。從國家角度來看，從一定程度上，香港部分羣體（包括台灣）「綁架」了國家，造成國內、國際環境被動。國家花費大量戰略資源在香港，回歸多年來情況不但沒有改善，反而進一步惡化。因此，國家要重新定位香港在國家發展中的角色，對香港對國家改革開放的貢獻，與對國家政治制度的挑戰要有更深入的認識。從民眾角度來看，事件對內地和香港的關係造成負面影響，主要是內地對香港的負面看法。

第三節　香港國家安全立法的的必要性與正當性

2019 年發生的「修例風波」凸顯了香港在維護國家安全方面存在的法律漏洞和工作缺失，凸顯了建立健全維護國家安全法律

制度和執行機制的必要性和緊迫性。

一、立法的必要性與緊迫性

第一，香港內外敵對勢力的活動已經對香港國家安全造成危害。「港獨」組織和本土激進分離勢力的活動日益猖獗；政權安全受到前所未有的嚴重威脅；暴力恐怖活動不斷升級，出現本土恐怖主義特徵。外部勢力赤裸裸地加大干預香港事務的力度（美國以國內立法方式將插手、干預中國香港事務制度化、常態化）；「台獨」、「港獨」勢力勾連合流進一步加劇。

第二，香港在維護國家安全方面存在明顯的法律制度漏洞和執行機制缺失。目前維護國家安全的法律，主要分散在港英時期的一些條例中。香港維護國家的機構設置、力量配備、執法權力配置不健全，存在明顯的短板。香港長時間內都不具備自行完成維護國家安全立法的條件。

第三，建立健全維護國家安全的法律制度和執行機制，是貫徹落實《憲法》、《基本法》有關維護國際安全的規定和中共十九屆四中全會部署的需要。從國家層面推動香港維護國家安全立法刻不容緩。

二、正當性和合法性

第一，國家安全立法屬於中央事權，中央授權香港自行立法是在「一國兩制」框架下作出的特殊安排。《憲法》第三十一條指

明，「中國在必要時得設立特別行政區。在特別行政區實行的制度按照具體情況由全國人民代表大會以法律決定」。《憲法》第六十二條指明，「全國人民代表大會行使下列職權：監督《憲法》的實施（第 2 項）；決定特別行政區的設立及其制度（第 14 項）；應當由最高國家權力機關行使的其他職權（第 16 項）」。《基本法》第一條：「香港特別行政區是中華人民共和國不可分離的部分」；第十二條：「香港特別行政區是中華人民共和國的一個享有高度自治權的地方行政區域，直轄於中央人民政府」；第十八條：「列入《基本法》附件三之法律，由香港特別行政區在當地公佈或立法實施」，「任何列入附件三的法律，限於有關國防、外交和其他按本法規定不屬於香港特別行政區自治範圍的法律」。

第二，中央對維護國家安全負有最大和最終的責任。不應該把香港維護國家安全立法和執法體系完全等同於《基本法》第二十三條的立法。全國人大維護國家安全的決定具有充分的《憲法》依據，具有最高的權威和法律效力。全國人大決定是對《基本法》實施行使監督權的體現，與《基本法》是一致的。香港應就《基本法》第二十三條進行立法，全國人民代表大會的決定與二十三條並行不悖。

第三，國家安全立法的國家性和國際慣例。維護國家主權、統一和領土完整是包括香港同胞在內，全中國人民的共同義務。全國人大維護國家安全的決定針對的只是極少數嚴重危害國家安全的行為和活動。全國人大維護國家安全的決定以及未來立法，不會影響香港司法機關行使獨立司法權和終審權。維護國家安全是國際社會的共識和慣例。

第四節　中央在香港推進國家安全立法的進程

中央深思熟慮、科學評估、反覆論證、慎重決定在香港推進維護國家安全的立法工作。

第一，面對回歸以來，愈演愈烈危害國家安全的行為，中央在國家層面加快推進涉港國家安全立法進程，表明了中央在香港維護國家安全的決心和信心。2020 年 5 月 28 日，十三屆全國大第三次會議表決通過《全國人民代表大會關於建立健全香港特別行政區維護國家安全的法律制度和執行機制的決定》。根據是次《決定》，中央將依法懲治四類犯罪行為，也就是分裂國家、顛覆國家政權、組織與實施恐怖活動等嚴重危害國家安全的行為和活動，以及勾結外國和境外勢力干預香港特別行政區事務的活動等。[2]《決定》授權全國人大常委會制定《香港國安法》。6 月30 日，《香港國安法》正式實施。這將彌補香港在維護國家安全方面的漏洞和缺失，讓東方之珠有一個更加安全穩定的環境，讓「一國兩制」在香港的實踐更加符合國家和香港的利益。值得一提的是，基於實事求是的精神，《決定》把「外國和境外勢力干預香港事務」修改為「勾結外國或境外勢力危害國家安全」。

第二，對於社會關心《香港國安法》的執法、司法問題以及中央設立的國家安全機構情況等問題都清晰、明確地說明，表明

---

[2]　國務院港澳事務辦公室編印：《中華人民共和國香港特別行政區維護國家安全法法律匯編》。

中央關注、重視香港社會對《國安法》在認識上存在不同意見。通過多種渠道，將有關《國安法》的內容傳遞給香港民眾，讓社會更好地認識、理解中央在香港維護國家安全的必要性和重要性。這些說明對一些抹黑、攻擊、歪曲中央推進國家安全立法的言論無疑是正本清源。特別是就國家安全案件的立案偵查、檢控、審判等問題，明確表明除特定情況外，都由香港行使管轄權，讓社會更加認識到中央對「一國兩制」和香港司法制度的尊重。

第三，《國安法》設計了在香港維護國家安全的一整套鏈條。從香港特區層面維護國家安全委員會，到警務處成立新的執法部門，律政司成立新的檢控部門，以及以指定法官來審理國家安全案件。香港在維護國家安全方面，形成了從指揮到執法、檢控、審判，一個全鏈接、全網絡的維護國家安全體系，有利依法處置危害國家安全的行為。

香港特別行政區設立維護國家安全委員會，負責維護國家安全事務，承擔維護國家安全的主要責任，並接受中央人民政府的監督和問責。秘書長由行政長官提名，由中央人民政府任命。香港特別行政區維護國家安全委員會由行政長官擔任主席，成員包括政務司司長、財政司司長、律政司司長、保安局局長、警務處處長、警務處維護國家安全部門負責人、入境事務處處長、海關關長和行政長官辦公室主任。維護國家安全委員會下設秘書處。維護國家安全委員會的職責為：分析研判維護國家安全的形勢，規劃有關工作，制定維護國家安全政策；推進維護國家安全的法律制度和執行機制建設；協調維護國家安全的重點工作和重大行

動。維護國家安全委員會設立國家安全事務顧問，由中央人民政府指派，就維護國家安全委員會履行的職責提供意見。

　　警務處設立維護國家安全的部門，配備執法力量。律政司設立專門的國家安全犯罪案件檢控部門，負責危害國家安全犯罪案件的檢控工作和其他相關法律事務。

　　維護國家安全委員會將成為指揮中樞，行政長官作為首長，在維護國家安全委員會中將扮演最為核心的主角，發揮最重要的決策作用。政務司司長、財政司司長、律政司司長、保安局局長、警務處處長以及警務處維護國家安全部門負責人、入境事務處處長、海關關長和行政長官辦公室主任作為維護國家安全委員會的成員，將提出建議、參與決策、協助決策。這些成員絕大多數是政府的主要官員，是中央根據《基本法》任命的官員，而所屬部門也在維護國家安全方面具有重要功能。與澳門維護國家安全委員會相比，香港維護國家安全委員會的成員更多，表明香港面臨的國家安全威脅更加複雜、更加嚴峻，必須有更加強而有力的部門和人員參與，才能有效地維護國家安全。

　　設立國家安全公署是《香港國安法》的重要制度創新和設計。駐港國家安全公署將成為繼中聯辦、外交部駐港特派員公署和解放軍駐港部隊後第四個中央機構。設立中央機構是中央在香港維護國家安全的重大舉措，是全面管治權的重要體現。也是對「一國兩制」實踐中遇到的新情況、新問題時，從頂層設計上作出的部署。駐港國家安全公署將監督、指導、協調、支持香港履行維護國家安全的職責。駐港國家安全公署對特定案件有管轄權，對極少數危害國家安全犯罪案件行使管轄權，有利支持和加

強維護國家安全的執法和司法工作，避免出現或者導致《基本法》第十八條第四款規定的緊急狀態。

香港承擔國家安全案件管轄的主體責任。除特定情形外，香港特別行政區對《香港國安法》規定的犯罪案件行使管轄權。香港特別行政區管轄危害國家安全犯罪案件的立案偵查、檢控、審判和刑罰的執行等訴訟程序。危害國家安全犯罪案件的審判循公訴程序進行。警務處維護國家安全部門辦理危害國家安全犯罪案件時，可以採取現行法律，准予執法部門在調查嚴重犯罪案件時採取的各種措施，以及《香港國安法》規定的有關職權和措施。行政長官應當從現任或者符合資格的前任裁判官、區域法院法官、高等法院原訟法庭法官、上訴法庭法官以及終審法院法官中，指定若干名法官，也可以從暫委或特委法官中指定法官，負責處理危害國家安全犯罪案件。

第五節　《國安法》實施成效評估與面臨的問題與挑戰

2020 年 6 月 30 日，十三屆全國人大常委會第二十次會議通過《中華人民共和國香港特別行政區維護國家安全法》（以下簡稱《國安法》），並將該法列入《基本法》附件三，由香港特別行政區公佈實施。《國安法》實施以來，在建立健全維護國家安全的執行機制、處理涉嫌違反《國安法》案件、反對外部勢力干預等方

面取得顯著成效。同時，《國安法》在實施過程中，仍面臨香港社會認知不夠、權力機構理解不足、國際社會存在偏見以及外部勢力干擾等挑戰。《國安法》的實施仍需要加強部門之間的配合、依法處理有關案件、加快處理深層次結構性矛盾，避免矯枉過正。

一、《香港國安法》實施成效顯著

第一，中央的全面管治權在國家安全層面得到具體落實。2019 年 10 月，中共十九屆四中全會從推進國家治理體系和治理能力現代化的高度，對中央依照《憲法》和《基本法》對特別行政區行使全面管治權的制度作了總體部署，提出建立健全維護國家安全的法律制度和執行機制的決策和部署。建立健全維護國家安全的法律制度和執行機制就是對特別行政區行使全面管治權的重大體現。2021 年 7 月 1 日，習近平總書記在中國共產黨成立100 周年紀念大會的講話中指出，要全面準確貫徹「一國兩制」、港人治港、澳人治澳、高度自治的方針，落實中央對特別行政區的全面管治權，落實特別行政區維護國家安全的法律制度和執行機制，維護國家主權、安全、發展利益，維護特別行政區社會大局穩定，保持香港、澳門長期繁榮穩定。《香港國安法》的制定和實施為從國家安全層面落實中央對特別行政區的全面管治權提供了重要的法律保障。

第二，保障《國安法》實施的執行機制在香港趨於健全。《國安法》的實施是亂與治的分水嶺。反修例事件中，觸目驚心的街頭暴亂已不復見，立法會以至整個政治生態也回復正常。如沒有

中央果斷行動，香港付出的代價將更沉重。實施《國安法》後，中央進一步完善香港的選舉制度，把維護國家安全和政治穩定的防線築得更加穩固。[3] 根據《國安法》的規定，確立了國家安全委員會、國家安全顧問以及執法部門（警務處國家安全處）、檢控部門（律政司國家安全犯罪案件檢控部門）和司法部門（指定法院專門法官審理），並在處理違反《國安法》案件的過程中逐步完善。2020 年 7 月 6 日，首次召開的維護國家安全委員會（國安委）會議上，行政長官會同國安委行使由《國安法》第四十三條所授予的權力，為警務處維護國家安全部門等執法機構，制定使用第四十三條所規定的措施。中央駐港國家安全公署成立以來，通過主辦活動、談話等方式逐步提升在社會的能見度，並積極支持政府執法。維護國家安全的體制機制和執行機制在香港得到初步建立。

第三，嚴格依據《國安法》處理違法的犯罪分子。截至 2021 年 6 月 30 日，警務處國家安全處根據《香港國安法》拘捕 117 人，其中 64 人及 3 家公司被檢控。根據統計，被拘捕的 117 人，包括 95 男 22 女，介乎 15 至 79 歲。被檢控的 64 人中，8 人不涉及《國安法》，但案件涉及國家安全性質，由指定法官審理案件或處理保釋申請。在被檢控的 56 人中，47 人被控串謀顛覆國家政權（都是參與反對派策劃的立法會 35+ 初選）、黎智英等 5 人以及《蘋果日報》等 3 間公司被控串謀勾結外國或境外勢力

3　社論：〈維持《國安法》守護力　才可實現大治〉，《星島日報》，2021 年 6 月 29 日。

危害國家安全（黎智英還被控勾結外國或境外勢力危害國家安全）、3 人被控煽動他人分裂國家、1 人被控恐怖活動（《國安法》第一案唐英傑，亦被控煽動他人分裂國家）、1 人被控分裂國家（「港獨」組織學生動源前召集人鍾翰林），12 人獲准保釋，佔比 21%。標誌性的案件正依法處理。2020 年 7 月 1 日，《國安法》第一案嫌疑人唐英傑以煽動他人分裂國家和恐怖活動罪被拘捕，並在 2021 年 6 月 23 日進入審判程序；2020 年 8 月 10 日，國安處首次引用《國安法》第二十九條「勾結外國或者境外勢力危害國家安全罪」對黎智英作出拘捕。同時，黎智英的保釋風波得到處理，維護了《國安法》的權威。2021 年 1 月 6 日，國安處以涉嫌顛覆國家政權罪拘捕 53 名參與非法 35+ 初選的反對派成員。

第四，《國家安全法》框架下分裂勢力在香港的活動得到控制。《國安法》實施以來，曾高度活躍的「港獨」組織和「港獨」分子轉趨低調，在街頭、議會及國際遊說等多條戰線疲態盡顯，政治能量大幅下降。[4] 香港眾志、香港民族陣線、學生動源等能見度比較高的「港獨」組織紛紛解散或停止運作，主要成員包括香港眾志秘書長黃之鋒、羅冠聰、周庭等人退出。部分「港獨」分子因違反《國安法》在香港被拘捕，逃往海外的「港獨」分子被警方列為通緝對象。2020 年 7 月 31 日，警方以涉嫌煽動分裂國家罪、勾結外國或境外勢力危害國家安全罪等通緝潛逃海外的

---

4 〈中評數據：《國安法》下反對派能量暴跌〉，中國評論新聞網，2023 年 8 月 11 日，http://www.crntt.com/doc/1059/7/1/3/105971308.html?coluid=7&kindid=0&docid=105971308。

「港獨」組織香港眾志前成員羅冠聰、學生獨立聯盟召集人陳家駒、學生動源成員劉康、本土民主前線召集人黃台仰、駐華盛頓的「港獨」組織香港民主委員會總監朱牧民等。2023 年 7 月，根據《香港國安法》第三十七條和三十八條，香港警方向法庭申請拘捕令，再通緝 8 人，包括：任建峰、袁弓夷、郭榮鏗、許智峰、蒙兆達、劉祖迪、羅冠聰、郭鳳儀，並每人懸賞 100 萬。通緝海外「港獨」分子表明《香港國安法》賦予香港警方域外管轄權，不會因為違反國安法、危害國家安全的嫌疑人逃往境外就放手不理。《香港國安法》第三十七條和三十八條規定，香港永久性居民或在香港成立的公司、團體等法人或非法人組織在香港以外實施《香港國安法》規定的犯罪、不具有香港永久性居民身份的人在香港以外針對香港實施《國安法》規定的犯罪，都適用於《香港國安法》。曾彌漫一時的社會分裂思潮、分裂勢力和活動得到大幅控制，社會整體的安全態勢大幅好轉。

第五，香港社會對《國安法》和維護國家安全的認識提高。《國安法》實施以來，維護國家安全、國安教育等內容成為社會重要的意識感知，輿論態勢也大幅好轉。2020 年 12 月，民建聯的調查顯示，七成受訪者認為落實《國安法》後，有助大幅減少暴力事件、令社會回復秩序；逾七成受訪者認同加強《國安法》教育，提高居民的國家安全意識和守法意識。2021 年 4 月，日本貿易振興機構對在港日本企業進行調查。調查結果顯示，雖然有 51% 的企業對《國安法》感到擔憂，但是 69% 的企業稱《國安法》並未產生負面影響，目前也未發生大批企業因《國安法》撤離香港的情況。2021 年 6 月，香港紫荊研究院民調結果顯示，

86% 的受訪者認同香港有維護國家安全的憲制責任；82.6% 的受訪者認為《國安法》實施後，社會秩序和治安狀況變好；76.2% 的受訪者認為《基本法》賦予香港居民的自由權利未受影響；75.7% 的受訪者對《國安法》實施成效感到滿意；71.9% 的受訪者表示《國安法》的實施令自身對香港「一國兩制」前景的信心增強。德勤會計師事務所統計，2021 年 1 月至 6 月，港交所首次公開募股（IPO）的規模僅次於納斯達克和紐約證券交易所。英國智庫 Z/Yen 諮詢公司公佈的國際金融中心指數排名，香港位居第 4，比 2020 年下半年上升 1 位。2021 年 6 月，中國香港研究協會的調查顯示，60% 受訪者認為《國安法》無損其權利和自由，63% 受訪者表示《國安法》的實施對香港的營商環境有正面影響。

第六，香港特區政府依據《國安法》，推動公職人員「宣誓 + 效忠」。《國安法》第六條規定，「香港特別行政區居民在參選或者就任公職時，應當依法簽署文件確認或者宣誓擁護《中華人民共和國香港特別行政區基本法》，效忠中華人民共和國香港特別行政區」。2021 年 1 月，政府向在任公務員發出通知，要求簽署宣誓聲明，宣誓擁護《基本法》，效忠特別行政區。17 萬公務員，最終有 129 名公務員拒絕簽署聲明，被驅逐出公務員隊伍。另外，香港特區政府也推動區議員進行宣誓。「宣誓 + 效忠」將成為擔任公職的基本規範。

第七，政府推動國家安全教育，以提升中小學教師和學生的國家安全意識。《國安法》第九條規定，「香港特別行政區應當加強維護國家安全和防範恐怖活動的工作。對學校、社會團體、媒

體、網絡等涉及國家安全的事宜，香港特別行政區政府應當採取必要措施，加強宣傳、指導、監督和管理」。第十條規定，「香港特別行政區應當通過學校、社會團體、媒體、網絡等開展國家安全教育，提高香港特別行政區居民的國家安全意識和守法意識」。《國安法》實施以來，教育局增設負責落實《香港國安法》及相關事宜的特殊職務，統籌及提升學校行政和管治的特別支援；教育局通過更新教學資源，為校長和老師提供專業培訓，為學生組織全方位學習活動等，加強國家安全教育。教育局新編訂《香港國家安全教育課程框架》，闡述現存於中小學課程內，有關國家安全的課題、教學重點和學習元素；教育局已向學校公佈了15個科目的國家安全教育課程框架，學校須按照這些課程框架作整體規劃。通過各科的課程內容自然聯繫、有機結合國家安全教育的元素，以及課堂以外的學習活動，推動國家安全教育。

第八，外部勢力干預香港事務的空間和力度減弱。香港回歸以來，一些外部勢力利用制度漏洞，頻繁插手香港事務，妄圖把香港變成一個獨立或半獨立的政治實體，變成一個對內地進行分裂、顛覆、滲透、破壞的橋頭堡，嚴重威脅中國國家安全。[5] 中美關係螺旋式惡化，地緣政治競爭加劇，西方將中國香港作為遏制中國的工具。其中美國是最主要的外部勢力，特別是近年來隨着中美關係的變化，手段和力度都大大超過以往。因應《國安法》的實施，2020 年 7 月 14 日，時任美國總統特朗普簽署《香港自

---

5 劉光源：〈國安家好 法護香江 —— 在《香港國安法》法律論壇上的致辭〉，外交部駐香港特別行政區特派員公署，2021 年 7 月 5 日。

治法》，取消中國香港單獨關稅區。拜登政府上台後，並沒有改變介入中國香港事務的政策，甚至加碼制裁，以回應《國安法》的實施。《國安法》的實施和選舉制度的改革，讓西方在香港的政治代理人，特別是為美國利益服務的反對派和「港獨」分子受到法律制裁，西方介入中國香港事務的力度和空間被大幅壓縮。《國安法》防範和懲治分裂國家、顛覆政權、恐怖行為和勾結外部勢力，選舉制度的改革保障「愛國者治港」原則，《反外國制裁法》則規範了反制外部勢力干預的法律依據。可以說，《國安法》的實施從政治、法律等方面，大幅壓縮了美國介入中國香港事務的空間，有效阻遏外部勢力勾結本土反中亂港分子。

二、《國安法》實施過程中面臨的風險與挑戰

在《香港國安法》的實施過程中，仍面臨國際和香港政治氣候的變化和帶來的潛在風險和挑戰。

第一，香港社會對國家安全和《國安法》的認識仍有待提高。《國安法》實施以來，社會對《國安法》將如何具體實施、執行存有不少疑慮。一方面，社會聚焦在司法系統範疇方面，包括法官的判決結果是否合理、司法案件的管轄權歸屬、擔心判決過重或過輕、法官的政治立場、是否批准保釋、律政司上訴影響判決等。另一方面，社會憂慮涉案者會被法官（尤其是審理涉國安案件的指定法官）予以重判，或被移送至內地進行受審及服刑，以

及擔心法官的政治立場會導致判決結果有所偏頗。[6] 各種疑慮表明，仍需要通過多方面的努力來提高社會對《國安法》的認識。

第二，權力機構（行政、立法、司法）對《國安法》的理解和執行仍有待提高。黎智英保釋案在社會上引起極大爭議。社會高度關注該案的最終判決，及其對司法體系的意義和影響，尤為關切《國安法》在本地的執行力度與效果。黎智英保釋風波暴露出本地法官未能完全、準確掌握《國安法》精神，未能意識到涉國安案件的嚴重性，仍延用以往普通法的思維去處理黎智英的保釋申請，無疑會削弱《國安法》的震懾與阻嚇力。香港的權力機構是執行《國安法》的最重要主體，其對《國安法》的理解和執行關乎《國安法》在社會扎根。

第三，國際社會，特別是西方國家對《國安法》的偏見仍有待緩解和消除。西方社會普遍曲解《國安法》的實施。對於中央政府制定《國安法》、在香港維護國家安全的舉措，西方一些國家、人士曲解為鎮壓抗議活動、侵犯人權、強化對香港控制等。《國安法》實施以來，不少國家的駐華外交官、商會、企業在與中國學界的交流中，都較為關注《國安法》的實施，不少表現出疑慮和擔憂。國際社會對《國安法》的潛在偏見和偏頗的認識會影響對香港、「一國兩制」的前景預期，直接關係到對香港的投資和市場預期。美國喬治城大學亞洲法律中心的報告稱《國安法》

6　〈中評數據：涉《國安法》案 港人很關注〉，中國評論新聞網，2023 年 8 月 11日 ，http://www.crntt.com/crn-webapp/doc/docDetailCreate.jsp?coluid=350&kindid=0&docid=105883946&page=4&mdate=0924154653 。

的「核心條款含糊不清」。惠譽、穆迪、標準普爾三大評級機構在對香港的信用評級中也表現出對《國安法》的擔憂。

第四，「港獨」分子潛逃至美英等國，在當地成立了一批「港獨」組織，作為「港獨」勢力活動的平台，繼續在海外挑戰《香港國安法》。華盛頓和倫敦成為海外「港獨」勢力的大本營。在華盛頓成立的包括香港民主委員會（Hong Kong Democracy Council）、香港解放聯盟（Hong Kong Liberation Coalition）、香港運動（The Campaign for Hong Kong）以及我們是香港人（We The Hongkongers）等組織。在倫敦的「港獨」組織包括在 2020 年 7 月成立的英國港僑協會（Hongkongers in Britain）、在 2021 年 11 月成立的香港協會（Hong Kong Umbrella Community）、在 2020 年 12 月成立的香港影子議會（Hong Kong Shadow Parliament）等組織。海外「港獨」組織和分子在海外宣揚「港獨」，推動「港獨」國際化，遊說、勾結外部勢力危害國家安全。一方面，海外「港獨」組織為潛逃至當地的黑暴分子和「港獨」分子提供庇護並藉此擴大組織勢力。另一方面，「港獨」組織遊說美英的國會、行政當局、非政府組織等對香港進行制裁，危害國家安全和中國香港的利益。比如，美國通過《香港人權與民主法案》、《香港自治法案》，背後都有「港獨」分子在發揮作用。美國國會議員提出的涉港法案越來越細化、具體，其中都有活躍在美國的「港獨」分子的遊說和提供「建議」。

第五，《香港國安法》的實施仍面臨內外反對勢力的干擾。特朗普任內，在國會的操作下先後通過了《香港人權與民主法案》、《保護香港法案》和《香港自治法案》。馬可·魯比奧（Marco

Rubio)、特德・克魯兹 (Ted Cruz)、湯姆・科頓 (Tom Cotton)
等是操作香港議題法案的核心推手。拜登上台後，國會民主、共
和兩黨的參議員和眾議員推動更加激進的涉華、涉港的政策法案
或條款。在海外成立的「港獨」組織成為遊說當地行政當局、國
會議員以及非政府組織的重要平台，也是與反華反共勢力勾結、
串聯的平台。2020 年 7 月 1 日，眾議院外交事務委員會舉行主
題為「一國兩制的終結？：北京《國安法》對香港的影響」(The
End of One Country, Two Systems?: Implications of Beijing's
National Security Law in Hong Kong) 聽證會。美國眾議院議長
佩洛西 (Nancy Pelosi) 出席聽證會。佩洛西表示，「《國安法》標
誌着『一國兩制』原則的死亡，這項法律是對香港人民殘酷、全
面的鎮壓，旨在破壞承諾給予他們的自由。」另外，《國安法》在
執法、監控、審判過程中，仍面臨外部勢力的干預、施壓。以美
國為首的「五眼聯盟」(美國、英國、澳大利亞、加拿大、新西
蘭) 的官員以及國會議員、一些國際非政府組織、以美英媒體為
主的西方輿論在《國安法》實施過程中，特別就一些焦點案件頻
繁地發表干擾《國安法》實施的言論，試圖給特區政府製造壓力，
以影響《國安法》的效力、執法和司法。2021 年 8 月 5 日，美國
總統拜登簽署備忘錄，指示國土安全部以「令人信服的外交政策
理由」對身處美國而又符合資格的中國香港居民提供一個臨時避
風港。國務院根據指示執行「延期離境」(deferral of removal) 政
策，有關人士被強制離境的限期將延長到 18 個月。拜登表示提
供安全港是「進一步增進了美國在該地區的利益」。此項舉措屬
於「延遲強制離境」(Deferred Enforced Departure) 政策，雖然

並不提供公民權，但總統可以對此無限期更新。2023 年 1 月 26
日，拜登再次簽署備忘錄，延長「延遲強制離境」計劃 24 個月，
至 2025 年 2 月。香港監察創辦人羅傑斯攻擊香港終審法院拒絕
黎智英保釋，聲稱律政司是「不公義部門」，導致「司法獨立被踐
踏，法治被破壞」。與此同時，潛逃海外的一些「港獨」分子也藉
機刷存在感。前美國代理助理國務卿董雲裳（Susan Thornton）
表示，中國香港人國籍成分複雜，以《國安法》處理外籍人士未
來可能涉及多國的矛盾。

第六節　關於《國安法》實施的思考

建立健全維護國家安全的法律制度和執行機制仍需要各個方
面的磨合，《國安法》許多規定還需要轉化為完善的制度機制。
同時，香港社會對《國安法》的認識和接受度仍有待提高，行政、
執法、司法等機關對《國安法》的理解和執行也需要增強。

第一，《國安法》案件的執法、檢控和審判過程，可根據具
體案件依法進行調整。2021 年 6 月 23 日，《國安法》第一案唐
英傑案開始審判，這是根據《國安法》進行的首次審判。考慮到
標誌性案件宣判會引起的社會關注和爭議，有必要在依法處理程
序前提下，加快審理進展，採取集中審判的安排。另外，對《國
安法》案件的調查取證制度、保釋制度、陪審制度等仍可根據具
體案件依法調整。

第二，推進國家安全教育要避免矯枉過正，造成社會的反感和牴觸。由於各種歷史與現實、政治與法律、國際政治與國內政治等原因，社會長期以來對國家安全的認識相對比較薄弱，要讓國家安全觀念在香港扎根仍需要一段時間，仍需要孕育可持續的社會基礎。國家安全教育是一個漸進的過程，不能因為《國安法》的實施而採取冒進的方式。提高社會各界對《國安法》的信心，也需要營造實施《國安法》的政治、經濟和社會環境。目前，在學校、公務員層面等進行的國安教育，已經出現了為教育而教育的形式主義。

第三，香港特區政府要加快處理深層次結構性矛盾。頻發的亂象背後，除了反中亂港勢力勾結西方反華勢力外，還隱藏着貧富差距擴大、土地房屋問題積壓、青年向上流動困難等深層次結構性的社會問題。一方面，香港受政治矛盾和衝突的衝擊和擠壓，社會長期聚焦選舉等政治問題；另一方面，政府的作為不夠，沒有重視和認真處理這些經濟社會矛盾。多層原因影響下，經濟社會深層次問題越來越嚴重、處理和解決問題的成本越加高昂和更加困難。中央需要通過直接和間接方式，推動香港特區政府積極、主動、集中精力、有效地解決一系列深層次矛盾。

第四，繼續通過多種方式向國際社會宣傳《國安法》，並遏制外部勢力對《國安法》的介入。一方面，應通過官方和非官方、內地和香港相結合的方式，向國際社會宣傳《國安法》，包括學術外交、民間外交等軟性平台。另一方面以美國為首的外部勢力仍會通過國內立法、政治代理人、支持海外「港獨」勢力等方式施壓。中央政府和香港特區政府應將《國安法》與《反外國制裁法》

相結合，運用外交、經濟、法律等方式對西方的介入實行反制。

第五，《國安法》與未來《基本法》二十三條立法相銜接。維護國家主權、安全和發展利益是香港特區的憲制責任，《基本法》第二十三條規定香港應自行立法禁止危害國家安全的行為和活動。自回歸以來，這項立法工作仍未完成，令香港成為國家安全的明顯缺口，帶來極大風險。全國人大關於建立健全特別行政區維護國家安全的決定和全國人大常委會制定的《國安法》，都不能取代《基本法》第二十三條要求自行立法的規定，香港仍要完成《基本法》第二十三條立法。任何維護國家安全的立法及實施，不得同全國人大有關決定和全國人大常委會制定的有關法律相牴觸。未來香港維護國家安全的法律將形成三元結構，即：《國安法》、二十三條和涉及處理國家安全的有關法律。這三類法律將共同構成香港維護國家安全的法律保障。所以，《基本法》二十三條的立法工作，要與《國安法》做好銜接，以更好地維護國家安全。

第八章

香港國家安全教育：
問題、成效與政策思考

國家安全教育的嚴重缺失，成為香港維護國家安全體系中的短板之一，特別是 2019 年「修例風波」的發生，更加凸顯了國家安全教育的赤字。香港社會不斷出現嚴重危害國家安全的行為，特別是以「港獨」為代表的分裂思想與行為的擴散，以「修例風波」為代表的嚴重暴力事件的發生，給國家主權、安全、發展利益，香港的繁榮穩定和「一國兩制」的實踐帶來巨大衝擊。加強國家安全教育、提高社會的國家安全意識成為非常緊迫和必要的任務。2020 年 6 月 30 日《中華人民共和國香港特別行政區維護國家安全法》在香港實施。《國安法》明確要求香港特區開展國家安全教育，提高居民的國家安全意識和守法意識。無論是在中央層面還是香港層面，都應推動在香港加強國家安全教育，提高港人的國家安全觀念，提升社會的國家安全意識，共同致力於維護國家主權、安全、發展利益和香港繁榮穩定，確保「一國兩制」在香港的實踐不變形、不走樣。

第一節　香港國家安全教育存在的問題

國家安全教育缺失是香港當前面臨的一系列風險及問題之一。加強國家安全教育，首要認清國家安全以及國家安全教育在香港面臨的挑戰。香港不能特殊，更不能成為國家安全不設防和法外之地。長期以來，由於歷史和現實的原因，香港在推進維護國家安全的立法、加強社會國家安全教育和促進民眾樹立正確的

國家安全意識，以及維護國家安全的責任等方面存在巨大缺失。

　　第一，香港社會對國家安全認識長期面臨赤字。長期以來，香港社會以中立自居，沒有意願去認識國家安全。社會有不少人認為，英國殖民管治時期，國家安全是港英當局的事；回歸之後，國家安全是中央政府的事，與自己無關。這種認識忽視了國家安全對香港和民眾的意義，更沒有認識到，維護國家安全是特區的憲制責任。與此同時，社會還將國家安全意識形態化，以自由為由抗拒國家安全立法，直接導致 2003 年二十三條立法失敗告終。自此，社會談國家安全色變。部分港人對國家安全與主權、國家安全與「一國兩制」的關係以及香港在維護國家安全上的憲制責任未有清晰認識，甚至以為國家安全就是國防軍事問題。導致社會對國家安全的認識、了解同現實的國家安全風險存在較大差距。

　　當前部分年輕人對國家歷史、國家安全認識嚴重不足。「港獨」思想更主要在年輕人中發酵。雖然各種民調數據都顯示，絕大多數港人都是反對「港獨」的，但不容忽視的是仍然有一部分民眾，明知分裂行為危害國家安全，但仍支持「港獨」理念、行為，乃至成為「港獨」分子的粉絲和炮灰。在「修例風波」中，青少年是最為狂熱的一羣。他們肆意縱火破壞、打砸店舖、毀壞公共設施、投擲汽油彈、攻擊警察及市民。[1] 對國家認同的缺失影

1　〈當青年被綁上暴力戰車 —— 香港修例風波回望之二〉，新華網，http://www.xinhuanet.com/gangao/2020-05/08/c_1125957318.htm. ，上網時間：2020年 11 月 20 日。

響對國家安全的認識。香港社會長期以來對中國的認同主要限於國籍、歷史、地理和文化等，而對新中國成立以來的政權建設、政治制度、法律制度、國家安全等視若無睹，將愛國與愛港對立起來，以自由、民主、人權等價值觀念抵制國家主權、安全、發展利益。不少人將特區政府推動的國民教育視作洗腦教育，阻撓、干擾國民教育的進行，導致國民教育的缺失。社會不少人將愛國與其宣稱的自由、民主、人權等西方價值觀對立起來，無視國家主權、安全、發展利益，甚至要以犧牲國家安全利益、合理化激進暴力行為，以爭取「五大訴求」。在「修例風波」引發的動亂中，一些暴力事件已具有本土恐怖主義的特徵。但社會部分人不但不譴責，反而將暴力行為英雄化、浪漫化，縱容、美化暴力行為。

以暴力行為損害國家安全，凸顯國家安全意識的匱乏。2019年發生由反對向內地移交逃犯而引發的社會動亂，以毫無底線的行為搞對抗，包圍和衝擊中央政府駐港機構，侮辱國旗、國徽和區徽，挑戰國家主權和「一國兩制」原則底線，不僅危及國家安全，使全社會付出了沉重代價，更加凸顯國家安全教育缺失帶來的嚴重後果。特別是在動亂中反映青少年對國家安全的認識嚴重不足，對現行相關法律缺乏足夠的認知。根據警方的統計數字，2019 年 6 月 9 日至 2020 年 10 月 31 日，在「修例風波」中一共拘捕了 10148 人，檢控了 2325 人。當中被控暴動罪的有 690 人，412 人被控非法集結及 337 人被控藏有攻擊性武器。其中，726人已完成司法程序，並有 603 人（83%）須承擔法律後果（包括被定罪、簽保守行為、獲頒照顧或保護令）。

第二，社會中危害國家安全的內外勢力干擾維護國家安全的工作。以美國為主的外國勢力、境外勢力和以反對派為主的內部反對勢力，以及這些勢力之間的勾連構成香港國家安全的最大威脅和挑戰，嚴重損害國家主權、安全、發展利益。近年來香港內外敵對勢力的所作所為已造成長時間亂局，並危及國家安全。一些外國勢力和境外勢力更是赤裸裸地插手和干預香港事務，煽風點火，推波助瀾，為反對派和激進分離勢力撐腰打氣，提供資金、物資、培訓和保護。[2]

　　香港內部的反對勢力宣揚或者支持「港獨」主張、拒絕承認國家對香港擁有並行使主權、尋求外國或者境外勢力干預香港特別行政區事務等。他們還通過立法會、區議會等公權力平台以及以教協、記協、大律師公會等專業組織阻撓維護國家安全的工作，對於國民教育、國家安全教育工作也是百般阻擾。「港獨」的肆虐、反對勢力對香港的「攬炒」、「修例風波」的發生等，凸顯香港在維護國家安全方面存在的法律漏洞和工作缺失，也凸顯建立健全維護國家安全法律制度和執行機制的必要性和緊迫性。[3]香港回歸以來，外部勢力越來越肆無忌憚地插手、干預香港事務，威脅香港的國家安全。從 2003 年反對《基本法》第二十三條立法到 2012 年反對推行國民教育科，從 2014 年持續 79 天的非

2　張曉明：〈國家安全底線越牢 「一國兩制」空間越大〉，https://www.hmo.gov.cn/gab/bld/zxm/gzdt/202006/t20200608_21923.html. 上網時間：2020年 11 月 30 日。

3　張建：〈「一國兩制」在香港實踐：內外因素鏈接與互動效應〉，《統一戰線學研究》，2020 年第 4 期，第 77 頁。

法「佔中」到 2019 年的「修例風波」，背後都有外部勢力參與，藉機介入香港事務，進行危害國家安全、危害「一國兩制」的行為和活動，並試圖將香港作為基地，對內地進行滲透和破壞。2020年 5 月以來，中央政府在中國香港進行國安立法，美國再次深度介入，並推出大量制裁以及施壓其他西方國家跟進中國香港議題。其將中國政府推動《國安法》進程作為對華施壓的契機，操作「香港牌」，將香港視作中美博弈的籌碼和棋子，將香港議題與其他議題一起作為對華施壓的選項。美國加大對反對勢力的支持和培植，支持反對勢力奪取中國香港的管治權，使中國香港以及「一國兩制」在其操控和影響下更加朝向符合其利益的方向發展。美國還制定《香港人權和民主法》、《香港自治法》等，直接以國內立法的方式把干預制度化、常態化，並制裁相關官員。

第三，香港特區政府維護國家安全的意識和能力不足。在香港維護國家安全責任的主體是特別行政區，特別是政權機構，即行政、立法和司法機構要承擔維護國家安全責任。但長期以來，特區政府在維護國家安全工作方面差強人意，留下很多隱患，導致維護國家安全工作的任務累積，面臨的壓力越來越大。這一方面有社會的複雜性原因，另一方面政府自身的問題也不能忽視。特區政府有責任讓民眾認清國家安全形勢、樹立國家安全觀念，遵守國家安全的法律，為維護國家安全作出貢獻。一，香港特區政府在國家安全立法方面的不足。香港發生非法「佔中」、「修例風波」等嚴峻複雜事件，與回歸以來維護國家安全立法缺失有直接關係。關於維護國家安全的立法，《基本法》第二十三條明確規定：「香港特別行政區應自行立法禁止任何叛國、分裂國家、

煽動叛亂、顛覆中央人民政府及竊取國家機密的行為，禁止外國的政治性組織或團體在香港特別行政區進行政治活動，禁止香港特別行政區的政治性組織或團體與外國的政治性組織或團體建立聯繫。」2003 年二十三條立法失敗後，特區政府在維護國家安全立法上幾乎沒有作為，導致維護國家安全的《基本法》二十三條未能完成立法。而澳門特別行政區在 2009 年 2 月完成立法，並在 2018 年 9 月建立了維護國家安全委員會等執行機制。兩地比較更顯現出香港在維護國家安全方面的缺陷和不足。二，香港特區政府在提升社會國家安全意識、推行國家安全教育方面的不足。回歸以來，特區政府在推廣國家安全教育方面的工作基本空白，政府長期以來不願觸碰國家安全教育問題。國家安全教育的缺位，導致學校的老師和學生、社會團體的有關人員、媒體從業者等都沒有國家安全的意識。三，香港特區政府在維護國家安全的執法方面存在明顯缺失。香港很多法律條例基本覆蓋了可能對國家安全威脅的處理，但很多法律及條款仍只停留在文字上，沒有實際運用。另外，除了直接與維護國家安全相關的法律，一些法律條文中仍能尋找到具體維護國家安全的條款，但沒有應用在維護國家安全上。在維護國家主權、安全、發展利益方面，香港的制度還不完善，長期沒有健全的國家安全法律制度，成了國家總體安全中一塊突出的短板和風險點，也是直接影響香港民眾安全的重大風險點。

第二節　加強香港國家安全教育的重大意義

維護香港的國家安全，必須既要完善立法、執法、司法，也要在社會大力開展國家安全教育，提升社會的國家安全意識。只有兩者有機結合，才能更有效地維護國家安全和香港的繁榮穩定。通過加強國家安全教育，讓市民更好地了解國家安全的重要性，並為維護國家安全貢獻力量。

第一，提升香港社會的國家安全意識，才能有效地保持香港的繁榮穩定。維護國家安全是香港繁榮穩定的基礎和前提。維護國家主權、安全、發展利益和香港的繁榮穩定，需要良好的國家安全環境。只有在制度上具有國家安全法律的保障，在社會上具有國家安全意識，才能為「一國兩制」實踐的行穩致遠提供保障。「修例風波」引發的社會動盪，不但重創香港經濟，營商環境和國際形象也受到衝擊。2019 年 8 月，研究和諮詢組織經濟學人智庫發表《2019 年全球城市安全指數》，香港的排名跌出前 10，由 2017 年第 9 位，大幅跌至第 20 位。2019 年 9 月，國際評級機構惠譽將香港的信用評級由 AA+ 轉為 AA，並將評級展望由「穩定」轉為「負面」，這是該機構 24 年來首次下調香港評級。另外，香港痛失連續保持了 25 年的全球最自由經濟體地位，全球金融中心排名也跌至第 6 位。可以說，國家安全得不到維護，香港的繁榮穩定就無法得到保障。只有社會各界更好地認識國家安全的重要性，有效維護國家安全，終止社會亂象，提升國家安全意識，共同維護東方之珠，香港才能發揮自身優勢，重振經濟，

改善民生，令未來更美好。實際上，維護國家安全是保證國家長治久安、保持長期繁榮穩定的必然要求，是包括香港同胞在內全中國人民的共同義務，是國家和香港特別行政區的共同責任。香港社會各界也要了解國家的發展和歷史文化，自覺維護國家安全及整體利益，這也是香港根本利益之所在。

第二，增強香港社會的國家安全氛圍，確保社會穩定，才能解決深層次、結構性的矛盾。香港要在兩個大局（世界百年未有之大變局、中華民族偉大復興的戰略全局）視域下把握發展機遇，首先要有穩定的社會環境。國家安全根基牢固，社會穩定，才能創造良好環境，贏得更大空間，以解決經濟、民生等深層次矛盾。維護了國家安全，社會穩定才有保障，解決發展問題才有基礎，市民的生命財產安全和權利與自由才能得到切實保障，特區政府和社會各界才能集中精力，逐一解決經濟、民生方面的深層次矛盾。社會穩定是解決一切問題的前設。這些年來，社會積累了不少深層次矛盾，教育、醫療、安老等問題，房價高昂令許多市民望樓興歎，貧富懸殊也造成跨代貧窮，年輕人上升通道斷裂。要解決這些問題，就必須給特區政府時間與空間，若坐視反對派「攬炒」，政府無法施政，立法會無法運作，社會繼續空耗，甚麼問題都解決不了，最終受害的還是香港人自身。[4] 要看到藏在激進本土、分離主義背後的問題和深層次、結構性矛盾，要直面回應港人的關切，積極推動香港進行結構性改革，讓香港真正

4　社評：〈社會穩定是解決深層次矛盾的前提〉，《大公報》，2020 年 5 月 26 日。

走出困境。

第三，擴大社會的國家安全認知，才能有效地反對外部勢力干預香港事務。2020 年 5 月 28 日，第十三屆全國人民代表大會第三次會議通過《全國人民代表大會關於建立健全香港特別行政區維護國家安全的法律制度和執行機制的決定》，其中第二條提出「國家堅決反對任何外國和境外勢力以任何方式干預香港特別行政區事務，採取必要措施予以反制，依法防範、制止和懲治外國和境外勢力利用香港進行分裂、顛覆、滲透、破壞活動」。《決定》第六條授權全國人大常委會就建立健全香港特別行政區維護國家安全的法律制度和執行機制制定相關法律，要切實防範、制止和懲治外國和境外勢力干預香港特別行政區的活動。可以說，在全國人大涉港決定以及人大常委會立法防範外部勢力干預具有重大的現實意義，也是落實長期以來中共中央部署的需要。中央反對外部勢力干預的政策從一而終。2019 年 10 月 31 日，中國共產黨第十九屆中央委員會第四次全體會議通過的《中共中央關於堅持和完善中國特色社會主義制度推進國家治理體系和治理能力現代化若干重大問題的決定》中提出「堅決防範和遏制外部勢力干預港澳事務和進行分裂、顛覆、滲透、破壞活動，確保香港、澳門長治久安」。2012 年，中共十八大提出「防範和遏制外部勢力干預港澳事務」。2007 年，中共十七大提出「堅決反對外部勢力干預香港、澳門事務」。因此，防範外部勢力干預是中央治理香港、落實「一國兩制」的兩個根本宗旨 —— 維護國家主權、安全、發展利益，維護香港繁榮穩定 —— 的重要舉措。但現實中，香港社會存在勾結外部勢力危害國家安全的情況。必須通過加強

國家安全教育，讓民眾意識到外部勢力干預的危害性，共同反對外部勢力的干預和介入。

第四，提高社會的國家安全成效，才能確保國際投資者對香港的信心。國際投資者、各國僑民為香港發展成亞洲四小龍、國際金融中心作出重要貢獻。中國歡迎國際社會為「一國兩制」的實踐提供建設性建議，為在中國香港維護國家安全提供真知灼見，共同維護香港的繁榮穩定。中央政府進行國家安全立法的目的，是要維護外國投資者對香港的信心和投資、經營安全。中央政府在香港進行國家安全立法，確保香港的安全、穩定，正是為了鞏固國際金融中心地位、保護各國在香港的合法利益、增強國際投資者對香港的信心。當然，對於中國政府進行國家安全立法，國際社會有部分不明真相或不甚了解的人，對此還有疑慮或誤解、曲解。通過加強國家安全教育，提升香港的安全環境和指數，才能吸引更多國際投資者在香港營商。與此同時，也要加強在港外國機構和人員的國家安全教育，共同維護香港的穩定。一方面，要向國際社會說明，國家安全立法的目的、針對的對象以及適用範圍，讓國際社會，特別是在香港的投資者，更加清晰地了解立法的進程和意圖。另一方面，要說明國家安全立法是向香港注入更多正能量，不會損害任何國家正當的、合法的利益，只會給各國帶來更多發展機遇，讓國際社會受益於安全穩定實踐「一國兩制」的香港。

第三節　香港國家安全教育的進展

2020 年 5 月，全國人大通過《關於建立健全香港特別行政區維護國家安全的法律制度和執行機制的決定》後，香港社會對維護國家安全的認識明顯上升。2020 年 6 月，香港紫荊研究院委託香港社會科學民意調查中心調查結果顯示，近七成市民認同香港有責任保障國家安全。與此同時，香港「一國兩制」研究中心的民調也顯示，超過七成四的市民表示香港有責任維護國家安全，近六成市民認為香港在維護國家安全方面存在漏洞，逾五成市民認為立法禁止外國勢力干預香港事務，對防範恐怖襲擊等非常有必要。

第一，中央直接推動國家安全立法工作，重視在香港開展國家安全教育工作。2019 年 10 月，中共十九屆四中全會提出「建立健全特別行政區維護國家安全的法律制度和執行機制」，「加強對香港、澳門社會特別是公職人員和青少年的《憲法》和《基本法》教育、國情教育、歷史和中華文化教育，增強香港、澳門同胞國家意識和愛國精神」，「堅決防範和遏制外部勢力干預港澳事務和進行分裂、顛覆、滲透、破壞活動，確保香港、澳門長治久安」。2020 年 5 月 28 日通過的《全國人民代表大會關於建立健全香港特別行政區維護國家安全的法律制度和執行機制的決定》要求，「香港特別行政區行政長官應當就香港特別行政區履行維護國家安全職責、開展國家安全教育、依法禁止危害國家安全的行為和活動等情況，定期向中央人民政府提交報告」。《香港國

安法》第九條規定，「香港特區政府應當採取必要措施，對學校、社團、媒體、網絡等涉及國家安全的事宜，加強宣傳、指導、監督和管理」。第十條規定，「香港應通過學校、社團、媒體、網絡等開展國家安全教育，提高香港居民的國家安全意識和守法意識」。同時，根據《香港國安法》的規定，中央任命香港國家安全顧問，在香港設立維護國家安全公署。

2020 年 10 月，中共十九屆五中全會通過的《關於制定國民經濟和社會發展第十四個五年規劃和 2035 年遠景目標的建議》，提出要「落實中央對特別行政區全面管治權，落實特別行政區維護國家安全的法律制度和執行機制，維護國家主權、安全、發展利益和特別行政區社會大局穩定」，「堅決防範和遏制外部勢力干預港澳事務」。

第二，香港特區政府根據中央的要求和《香港國安法》的規定，加強維護國家安全和推動國家安全教育的工作。維護國家主權、安全、發展利益是香港特區的憲制責任，特區政府則是承擔憲制責任的主體。根據《香港國安法》的要求，由香港特區設立的維護國家安全委員會和由香港警務處成立的國家安全處專責處理國家安全工作，建立維護國家安全的制度和機制。律政司和法院也根據《國安法》的要求在機制上予以完善。在教育方面，香港特區政府主要官員表示，香港是國家不可分離的一部分，培養學生對國民身份的認同，一向是中小學教育的重要宗旨。為配合《國安法》的實施，教育局開展國家安全教育。在課程、教學資源及教師專業培訓等方面，採取多元化措施，促進學生認識《香港國安法》的立法背景、內容、重要性及意義，強化年輕人的國

家安全意識和守法意識。在打擊危害國家安全的行為方面，《國安法》的實施為穩定社會帶來顯著效果。鼓吹「港獨」及與外部勢力勾結的情況逐步減退，部分頭面人物明顯收斂，激進的組織停止運作或解散，涉嫌違法的人士畏罪潛逃，街頭暴力行為大幅減少。[5]「港獨」派主要頭目選擇退出、解散組織。「港獨」組織主動對號入座，香港眾志、香港民族陣線、學生動源、香港獨立聯盟、民間外交網絡等「港獨」組織紛紛解散，核心「港獨」頭目在《國安法》實施後已經大幅減少言論。傳統泛民主派雖極力反對《國安法》，但整體收斂，與「港獨」、「攬炒」撇清關係。《國安法》實施前後，陳方安生、李柱銘等泛民主派核心人士以退出政治或與「港獨」、「攬炒」割席等方式回應。其他泛民主派的民主黨、公民黨等核心人物主要以《國安法》實施中的司法問題反對《國安法》，也大幅減少對「攬炒」的支持。在提升社會對國家安全的認識方面，紫荊研究院委託香港社會科學民意調查中心進行民意調查顯示，《香港國安法》由 2020 年 7 月實施以來，有 83.7% 受訪者認為對日常生活未有受到影響，僅有 7.1% 受訪者認為有受到影響。有 69.1% 受訪者認同《國安法》的實施有助香港社會恢復安寧。在加強國家安全教育作為施政的重要目標方面，2020 年 11 月 25 日，時任特首林鄭月娥在《施政報告》中表示，要做到全面保障國家安全，特區政府有必要加強宣傳和教育，提高香港居民的國家安全概念和守法意識。特區政府正按

5　中華人民共和國香港特別行政區行政長官 2020 年施政報告，https://www. policyaddress.gov.hk/2020/chi/policy.html.，上網時間：2020 年 11 月 26 日。

《香港國安法》第九條和第十條制定有關計劃，亦會用好每年的憲法日和國家安全教育日，進行更具規模的公眾教育工作。[6]

第四節　　加強香港國家安全教育的思考

《國安法》的實施是建立健全香港特別行政區維護國家安全的法律制度和執行機制的關鍵一步，有效地改善香港的安全環境。《國安法》的貫徹和實施需要一個適應過程，需要在中央和香港之間、《國安法》和《基本法》之間、香港本地各派勢力之間銜接磨合，交叉博弈。香港社會的深層次矛盾依然存在，政治生態不會在短期內有根本改變。[7]法律的實施效果還需要綜合施策，特別是需要政策配套，以提升社會對國家安全的認識和理解。未來應在香港社會大力開展國家安全教育，將去殖民化教育、國民教育和愛國主義教育置入、植入、融入國家安全教育，改善香港的輿論和政治生態，為人心回歸創造良好的社會環境和氛圍。抓住《國安法》實施這一歷史契機，通過開展國家安全教育工作，順勢對現存的教育問題進行改革。2019 年 11 月，中共中央、國務院印發實施的《新時代愛國主義教育實施綱要》也提出，要加

6　中華人民共和國香港特別行政區行政長官 2020 年施政報告，https://www.policyaddress.gov.hk/2020/chi/policy.html，上網時間：2020 年 11 月 26 日。

7　饒戈平：〈香港特別行政區維護國家安全法：學習與解讀〉，《港澳研究》，2020 年第 3 期，第 9 頁。

強「一國兩制」實踐教育，引導包括香港同胞在內的社會各界增強對國家的認同，自覺維護國家統一和民族團結。

第一，香港特區政府應逐步將三法教育（《憲法》、《基本法》、《國安法》）作為公職人員、教職人員就職的基本要求。《憲法》是香港特別行政區設立的法律依據；《基本法》是「一國兩制」在香港實施的法律規範；《國安法》則是香港安全穩定的法律保障。《憲法》、《基本法》和《國安法》的教育應成為公職人員和教職人員的基本要求，對公職人員、教職人員進行必要的國家安全教育。公務員事務局已經提出，所有由 2020 年 7 月 1 日或之後入職的香港公務員，均須簽署文件，確認擁護《基本法》及效忠香港特區政府；而現職公務員，也要遵守有關宣誓要求。下一步教育局也應對教職人員建立從業基本要求，杜絕具有「港獨」分裂思想意識和行為的人成為教師和從事教育工作。

第二，建立與國家安全相應的教育內容，以國家安全教育帶動國民教育。隨着《國安法》的實施，香港需開展國家安全教育，而教育界則是開展國家安全教育的主要界別。香港特區政府要根據《國安法》要求，在大、中、小學把國家安全教育作為強制教學內容。中國歷史課程大綱要融入一些培養國家安全意識的內容，有助學生認識和理解國家安全的重要性。香港特區政府應更加積極主動，更具系統、條理和專業地推動國家安全教育，將《國安法》轉化成深入淺出的教學內容，做好在教育界普及國家安全教育的安排。香港特區政府、教育部門做好統籌協調，規管學校的國家安全教育工作。

第三，香港特區政府應在公共資源中，撥出一定資源，用於

國家安全教育。香港特區政府通過各種方式，直接或間接掌握大量的公共資源，有關資源適宜用於國家安全宣傳和教育。比如香港電台可在定時或不定時的時段，播出與國家安全有關的節目；比如港鐵可在符合規定的情況下，在車廂內進行有關國家安全的宣傳、教育；比如公共圖書館可以開展國家安全教育講座或其他活動。香港特區政府必須藉助公共資源，通過提升國家安全宣傳、教育的能見度，將國家安全教育、愛國主義教育變成民眾日常生活的一部分。

第四，藉助重要的時間節點開展國家安全教育的活動，以提升國家意識。重大節慶是開展國民教育、國家安全教育的重要時間節點。一方面，要加大對校園內存在的反主權、反政府等政治活動的規管。教育局已經要求任何人士均不應在校園內奏唱或播放帶有強烈政治信息的歌曲，或舉行任何活動作政治表態。這一要求有利去除在校園內擴散的本土、「港獨」思潮。另一方面，要擴大校園內提升國家意識的活動。在一些重要時間節點，包括回歸日、國慶日、國家安全教育日等重大節慶和時間節點，在公務機關、法定機構、學校等進行升國旗儀式，逐步提升各界的國家意識。

第五，香港特區政府應建立國家安全教育的固定場所，作為展示、宣傳國家安全教育的基地。國家安全教育是一個長期工作，不僅僅是因為國家安全立法而需要加強國家安全教育。建議政府從已有的場所中調配合適的空間，建立國家安全教育的固定平台，加強平台的建設，作為教育、宣傳國家安全的固定場所，不定期舉行國家安全展覽及其他有關活動。

第六，加大中央駐港機構，特別是駐港部隊、外交部公署開放的頻率，提升中央駐港機構在社會的能見度和影響力。駐港部隊軍營的開放受到極大歡迎，但由於軍營開放次數的限制，並不能滿足民眾要求。建議在確保安全的情況下，加大軍營開放次數，特別是開放軍艦等軍事設施，以及舉辦軍事夏令營等活動，讓民眾更多地感受與國家的連接。另外，外交公署也可以加大開放程度，讓青少年了解國家外交歷程，參與多元活動。另外，駐港國家安全公署運行進入正軌後，也可以在適當的場所舉行國家安全教育活動，提升在香港社會的能見度。

　　第七，加強對在港企業、機構、團體的國家安全宣傳，特別是對在港外國人、外國企業和機構的宣傳。香港是一個多元社會，有大量外籍人士、外資企業和團體在港居留和發展。他們對香港的發展也有重要的貢獻，也是香港繁榮穩定的重要部分。《國安法》實施後，特區政府應以多種方式，積極向在港外資商會、企業以及代表人士進行解說，安撫他們對香港的信心，穩定在港的國際資本。加強對外籍人士、團體和企業的宣傳，有助他們更好地了解、認識《香港國安法》，減少、降低干擾因素。另外，可在機場、高鐵、郵政局等公共場所，放置《國安法》的中文和英文文本，將《國安法》文本向社會廣泛散發。

　　第八，提高公務人員、青少年赴內地交流中國家安全教育的比重。此前的內地交流學習、國情教育中涉及國家安全的內容非常少，主要只對國防內容有所涉及。未來赴內地的各種交流項目，應將國家安全教育作為一個必要選項，提升各界對國家安全的了解和認識，例如參觀內地的軍事設施、國家安全教育基地和

展示。通過國家安全教育，提升國家意識；通過實際參與，感受國家安全的重要性。

第九，注重將國家主權、政權內涵融入到國家安全教育，增加對國家權力的認識。過去香港在推廣國家安全教育方面的工作基本空白，社會長期以來不願觸碰、不敢提及國安問題。教育界亦對國家主權、政權的涉及較少，甚至迴避。「一國兩制」並不是不要講國家主權、國家政權，主權和政權正是「一國兩制」的應有之義。另外，由於香港的本位主義、香港利益、香港優先等思維，長期以來對何為國家利益，特別是對國家核心利益的理解也非常缺乏。在國家安全教育中，應將國家主權、安全、發展利益是國家核心利益的內涵，將中國共產黨、中華人民共和國中央政府等政權內涵，融入國家安全教育。

第十，將開展國家安全教育與改善經濟民生相結合，讓民眾感受到國家安全帶來的益處。《國安法》在香港實施後，長期以來危害國家安全的行為和活動受到遏制，反對勢力存在的空間被壓縮，香港的安全環境有極大改善。對於香港特區政府來說，維護國家安全和解決深層次結構性矛盾要並舉。特區政府在加大執行《國安法》的同時，仍要儘快解決重點經濟民生問題。受疫情影響，香港的社會問題越加嚴重。《國安法》也不是萬能，香港特區政府必須切實改善民生，才能讓民眾感受到《國安法》的實效。

第九章

「愛國者治港」與
完善選舉制度

面對 2019 年爆發的「修例風波」，「一國兩制」在香港實踐遭遇前所未有的挑戰。為應對內外形勢新變化，習近平主席和黨中央以極大的戰略耐心、戰略定力和戰略信心審時度勢，沉着應對，經過深思熟慮、科學評估、反覆論證，慎重作出系列重大決定，促進香港局勢由亂轉治，維護國家主權、安全、發展利益，維護「一國兩制」在香港實踐的行穩致遠。繼 2020 年中央從國家層面制定實施《香港國家安全法》後，中央再次直接從國家層面完善香港特別行政區的選舉制度。2021 年 3 月 11 日，十三屆全國人民代表大會第四次會議表決通過《全國人民代表大會關於完善香港特別行政區選舉制度的決定》。2021 年 3 月 30 日，十三屆全國人大常委會第二十七次會議審議通過新修訂的《中華人民共和國香港特別行政區基本法附件一香港特別行政區行政長官的產生辦法》、《中華人民共和國香港特別行政區基本法附件二香港特別行政區立法會的產生辦法和表決程序》。全國人大及其常委會完善香港特別行政區選舉制度的舉施，就是從制度上實現「愛國愛港者治港，反中亂港者出局」，消除香港原有選舉制度存在的隱患和風險，以新的制度機制全面貫徹、體現和落實「愛國者治港」原則，確保實現以愛國者為主體的港人治港，確保在香港特別行政區的依法施政和有效治理。中央完善香港選舉制度的舉措在「一國兩制」實踐進程中具有重要意義。

第一節 「愛國者治港」的歷史與現實邏輯

　　「愛國者治港」不是為了從國家層面完善香港選舉制度才提出來的，這一政治原則既有其歷史邏輯，也有其現實需要。愛國者治理也是世界通行的政治倫理和普遍實踐。「愛國者治港」伴隨着「一國兩制」從構建到實踐的過程，是港人治港的本質要求，是高度自治的基礎邏輯。「愛國者治港」也是實現全面管治權和高度自治權有機結合的重要內容。

　　第一，「一國兩制」方針從設計、形成、構建過程中，就包含「愛國者治港」這一重要思想內涵。20 世紀 80 年代初，中國領導人在醞釀、提出「一國兩制」政策時就旗幟鮮明地概述並確立了「愛國者治港」的原則。1984 年 6 月，鄧小平在會見香港工商界訪京團和香港知名人士時就明確指出，港人治港有個界線和標準，就是必須由以愛國者為主體的港人來治理香港。愛國者的標準是尊重自己的民族，誠心誠意擁護祖國恢復行使對香港的主權，不損害香港的繁榮和穩定。[1] 他還強調：「凡是中華兒女，不管穿甚麼服裝，不管是甚麼立場，起碼都有中華民族的自豪感。香港人也是有這種民族自豪感的。」可見，「愛國者治港」這一原則是伴隨「一國兩制」的構建而產生的。香港自回歸之日起，就納入國家治理體系。「愛國者治港」要求香港要由愛國者治理，

1　鄧小平：〈一個國家，兩種制度〉，《鄧小平文選》（第三卷），北京：人民出版社，1993 年，第 58-61 頁。

香港特別行政區的政權要掌握在愛國者手中。要實行港人治港，就必須堅持「愛國者治港」；堅持「愛國者治港」，「一國兩制」才能全面準確貫徹落實。「愛國者治港」是香港回歸這一歷史巨變的必然要求。香港回歸，意味着中央政府對香港恢復行使主權，揭開了香港同胞當家作主的新紀元，中國香港的管治權也隨之回到中國人民手中。治權和主權不可分割。管治權只能掌握在愛中國、愛中國香港的中國人手裏，中國對中國香港恢復行使主權才能得到體現。「愛國者治港」是「一國兩制」方針的應有之義和核心要義，是香港回歸祖國、成為中華人民共和國的一個特別行政區、納入國家治理體系後的一個基本政治倫理和政治規則。[2] 中央授權香港實施港人治港、高度自治最基本的要求就是讓愛國的港人治港，而不可能讓不愛國、危害國家的人治港。

第二，「一國兩制」在香港實踐過程中出現的重大政治、安全挑戰，意味着必須賦予「愛國者治港」新的時代內涵。2021 年 1 月 27 日，習近平主席聽取時任行政長官林鄭月娥述職報告時強調，香港由亂及治的重大轉折，再次昭示一個深刻道理，那就是要確保「一國兩制」實踐行穩致遠，必須始終堅持「愛國者治港」。這是事關國家主權、安全、發展利益，事關香港長期繁榮穩定的根本原則。只有做到「愛國者治港」，中央對特別行政區的全面管治權才能得到有效落實，《憲法》和《基本法》確立的憲

---

2   中央港澳工作領導小組辦公室、國務院港澳事務辦公室：〈完善香港選舉制度落實「愛國者治港」 確保「一國兩制」實踐行穩致遠〉，《求是》，2021 年第 8 期。

制秩序才能得到有效維護，各種深層次問題才能得到有效解決，香港才能實現長治久安，並為實現中華民族偉大復興作出應有的貢獻。[3] 香港回歸以來，「一國兩制」實踐過程中出現了各種政治、安全挑戰。了解、認識、理解和解決這些挑戰就必須深刻把握「一國兩制」的實踐規律和變化特徵。有效落實中央對特別行政區的全面管治權，特別要把落實好「愛國者治港」作為重要抓手。在經歷「佔中」和「修例風波」後，再強調「愛國者治港」目的在於香港特別行政區的政權機關，包括行政機關、立法機關、司法機關必須由真心誠意地擁護《中華人民共和國香港特別行政區基本法》、真心誠意地效忠中華人民共和國香港特別行政區的人士組成，不能讓勾結外部勢力、宣揚或支持「港獨」主張、拒絕承認國家對香港擁有並行使主權、尋求外國或者境外勢力干預香港特別行政區事務，或者進行其他危害國家安全等行為的人進入體制成為治港者，挾體制破壞「一國兩制」，挑戰中央權力，對抗特區政府施政，進而謀求管治權。未來特區政府必須落實「愛國者治港」這一重要政治原則，切實解決本身面臨的深層次矛盾，有效落實維護國家安全的要求、落實《憲法》和《基本法》確立的憲制秩序，融入國家發展大局，確保「一國兩制」行穩致遠。

　　第三，中央面對「一國兩制」在香港實踐時凸顯的複雜局面和各種干擾，明確了「愛國者治港」的法律規範。結合當前世界

3　〈習近平聽取林鄭月娥述職報告〉，人民網，2021 年 1 月 28 日，https://www.hmo.gov.cn/xwzx/zwyw/202101/t20210127_22354.html，上網時間：2021 年 2 月 20 日。

面臨的百年未有之大變局、中華民族偉大復興的戰略全局以及香港的內外政治局勢、政治生態的發展變化來看，無論怎麼強調堅持「愛國者治港」這一重要原則都不為過。因為只有堅持「愛國者治港」這一根本原則，才能確保「一國兩制」在香港的準確實踐，才能維護國家主權安全發展利益，才能保障香港的繁榮穩定。近年來，中央在穩妥應對香港的各種風險挑戰時，注重依法治理和堅持「愛國者治港」的法律規範。2016 年 11 月，第六屆立法會議員宣誓過程中，針對少數候任議員宣揚「港獨」等違法言行，全國人大常委會主動對《基本法》第一〇四條作出解釋，明確依法宣誓的含義和要求，支持有關機構和司法機關對有關議員作出檢控和判決，取消其資格，以確保作為香港特別行政區重要政權架構和治理機構的立法會由愛國者組成。2020 年 11 月 11 日，第十三屆全國人民代表大會常務委員會第二十三次會議就香港特別行政區立法會議員資格問題作出決定，確立了立法會議員一經依法認定不符合擁護《香港特別行政區基本法》、效忠香港特別行政區的法定要求和條件，即時喪失立法會議員資格的一般性規則，同時明確在原定第七屆立法會選舉提名期間，被依法裁定參選提名無效的第六屆立法會議員已喪失議員資格。全國人大常委會的決定將不符合「擁護＋效忠」政治要求的人士排除出政權和治理架構，就是堅持「愛國者治港」的重要舉措。2020 年 11 月 17 日，律政司舉辦《香港基本法》頒佈 30 周年法律高峯論壇，國務院港澳辦常務副主任張曉明應邀以視頻形式在開幕式上致辭。張曉明表示，以《香港國安法》出台為標誌，香港開啟由亂到治的新局面。要求治港者必須是愛國者，是天經地義。

「愛國愛港者治港，反中亂港者出局」這是「一國兩制」下的一項政治規矩，現在也已成為一項法律規範。[4] 可見，中央在應對香港出現的挑戰國家主權、安全、發展利益的重大風險挑戰時，注重明確愛國者治港這一規範，即愛國者要真心維護國家主權、安全、發展利益；愛國者要尊重和維護國家的根本制度和特別行政區的憲制秩序；愛國者要全力維護香港的繁榮穩定。

第四，中央通過多種方式維護「愛國者治港」，切實維護國家主權、安全、發展利益。面對「修例風波」暴露出香港在維護國家安全方面存在的巨大制度漏洞，中央採取一系列措施，維護「愛國者治港」的制度基礎。一，從國家層面推動立法。2020 年 5 月 28 日，全國人民代表大會通過《關於建立健全香港特別行政區維護國家安全的法律制度和執行機制的決定》，授權全國人民代表大會常務委員會就建立健全香港特別行政區維護國家安全的法律制度和執行機制制定相關法律，切實防範、制止和懲治任何分裂國家、顛覆國家政權、組織實施恐怖活動等嚴重危害國家安全的行為和活動以及外國和境外勢力干預香港特別行政區事務的活動。6 月 30 日，全國人大常委會表決通過《中華人民共和國香港特別行政區維護國家安全法》。二，根據《基本法》的規定，要求特區政府積極維護國家安全。2019 年 2 月，就取締香港民族黨一事，中央人民政府曾向時任行政長官林鄭月娥發出公函，要

4　張曉明：〈在《香港基本法》頒佈 30 周年法律高峯論壇開幕式上的致辭〉，2020 年 11 月 17 日，https://www.hmo.gov.cn/gab/bld/zxm/gzdt/202011/t20201116_22245.html，上網時間：2020 年 12 月 1 日。

求特區政府依法禁止香港民族黨運作。2020 年 10 月，中共十九屆五中全會提出要落實中央對特別行政區全面管治權，落實特別行政區維護國家安全的法律制度和執行機制，維護國家主權、安全、發展利益和特別行政區社會大局穩定。三，加強實施監督權。2020 年 4 月 13 日，國務院港澳辦、中聯辦就立法會亂象，特別是反對派故意拖延導致內務委員會長期停擺予以譴責。4 月 21 日，兩辦就警方依法拘捕犯罪嫌疑人黎智英等予以支持。5 月 6 日，兩辦就疫情緩和後黑暴再起對香港經濟社會的影響發表談話。6 月 12 日，兩辦就香港眾志以中學生行動籌備平台的名義發起罷課公投，藉此反對涉港國家安全立法等發表對香港教育問題的看法。7 月 14 日，兩辦就反對派立法會初選、操控立法會選舉發表看法。最後是支持行政長官和政府及警隊採取措施。2019 年 11 月 14 日，習近平主席在巴西利亞出席金磚國家領導人第十一次會晤時，就香港局勢表明中方嚴正立場時明確表示，繼續堅定支持行政長官帶領香港特別行政區政府依法施政，堅定支持香港警方嚴正執法，堅定支持香港司法機構依法懲治暴力犯罪分子。

第二節　選舉制度存在的問題與挑戰

近年來，反中亂港勢力和本土激進分離勢力公然鼓吹「港獨」等主張，通過選舉、立法會和區議會等議事平台以及利用公職人

員身份，肆無忌憚地進行反中亂港活動。選舉制度的漏洞為反中亂港勢力通過選舉進入政權機關和其他治理架構提供了可乘之機，也難以有效阻止外部勢力通過多種方式深度干預和滲透香港事務，進而從事危害國家安全的活動。[5] 香港出現這樣荒謬、離奇的亂象的重要原因在於選舉制度沒有有效落實「愛國者治港」原則。這些因選舉制度漏洞導致的威脅和挑戰表明，從根本上改革香港選舉制度具有必要性和緊迫性。

第一，香港選舉制度的制度性缺陷，致使香港政治生態惡化和政局動盪。無論是回歸前還是回歸以來，中央始終高度重視香港的民主政制發展，為推動香港民主政制發展殫精竭慮、孜孜以求。但難以迴避的事實是，立法會選舉、行政長官選舉委員會選舉、行政長官選舉、全國人大代表選舉和區議會選舉的頻繁激化了社會矛盾，令行政和立法之間的關係緊張，增加各種政治力量之間的鬥爭。特別是每隔四、五年圍繞行政長官和立法會的產生辦法引發的政治爭拗，導致政治生態惡化、加劇了社會的政治亂局。部分勢力不顧香港實際情況和循序漸進地發展民主的原則，要麼大肆推動公民提名、政黨提名以儘快實現「雙普選」，要麼阻擾中央推動香港民主政制發展的努力，甚至發生以逼迫全國人大常委會收回關於香港政制發展的「8·31」決定為主要訴求的非法「佔中」事件，嚴重危害香港社會。另外，由於選舉頻繁和制

5　中央港澳工作領導小組辦公室、國務院港澳事務辦公室：〈完善香港選舉制度落實「愛國者治港」，確保「一國兩制」實踐行穩定致遠〉，《求是》，2021 年第 8 期。

度漏洞，一些反中亂港分子在競選公職過程中，利用選舉平台散播「港獨」等激進分離主張，攻擊、抹黑黨和國家，煽動對內地的仇視，肆意發洩對特區政府的不滿，造成社會的對立、撕裂，導致香港政局動盪，惡化香港與內地關係。

第二，香港選舉制度的漏洞致使一些反中亂港分子、「港獨」等激進分離勢力通過各類選舉進入特別行政區治理架構，干擾特區政府施政、危害國家安全。香港內部的反對勢力宣揚或支持「港獨」主張，拒絕承認國家對香港擁有並行使主權，尋求外國或境外勢力干預香港事務等的危害國家安全行為層出不窮，立法會、區議會等公權力平台成為他們的工具。反中亂港勢力紛紛進入政權和治理架構，嚴重危害國家安全、損害香港繁榮穩定。反中亂港勢力將選舉作為奪取香港管治權的工具，利用選舉平台公然提出「奪權三部曲」計劃和「真攬炒十步曲」計劃[6]，企圖通過操控選舉竊取立法會主導權，進而贏得行政長官選舉委員會選舉和行政長官選舉，奪取全面管治權。2020 年 7 月，他們毫不顧忌《香港國家安全法》的實施，組織非法初選，揚言實施「真攬炒十步曲」計劃，妄圖通過控制立法會否決財政預算案，逼迫行政長官辭職，癱瘓香港特區政府。選舉制度安全受到內外反中亂港勢

6　「真攬炒十步曲」是反中亂港分子炮製出以顛覆國家政權為目的一系列行動計劃。其方式是利用選舉規則的漏洞，獲得立法會多數議席和主導權，再通過無差別否決包括政府財政預算案在內的所有政府議案、法案等步驟，癱瘓特別行政區政府，逼迫全國人大常委會宣佈香港進入緊急狀態，出重手化解憲制危機，進而招致西方國家介入，對共產黨和中央政府進行政治及經濟制裁，以此實現顛覆國家政權的目的。

力的威脅和挑戰。反中亂港分子藉助選舉進入立法會、行政長官選舉委員會、區議會等平台，利用公職危害國家安全。反對勢力將議會陣線、街頭陣線和國際陣線作為三大反中亂港陣地。《國安法》自 2020 年 6 月 30 日實施以來，截至 2021 年 3 月底，國安處共拘捕 100 人，57 人已被起訴。其中很大一部分是通過選舉進入體制的立法會議員和區議員。頗為諷刺的是，正是這些通過選舉當選為議員的人成為違反《國安法》，危害國家安全的主要犯罪嫌疑人。

第三，香港反對勢力利用立法會、行政長官選舉委員會、區議會等治理架構的席位，抗拒中央對香港的管治，阻擾特區政府施政，嚴重損害國家利益和香港經濟社會發展利益。反對派議員藉助其在立法會內的的席位，瘋狂進行「拉布」，為反對而反對，根本目的就是干擾特區政府施政，嚴重損害香港納稅人的利益。第六屆立法會內務委員會因反對派「拉布」而停擺長達 9 個多月，多達 14 個法案不能及時審議，超過 80 部附屬法例在限期屆滿前得不到處理，一些惠及納稅人、殘障人士以及與房屋供應、公眾健康保障等相關法案得不到及時通過。這些損害香港利益和納稅人利益的反對派議員正是通過選舉進入立法會，甚至有些人長期宣揚激進的政治主張，這凸顯了選舉制度在審查方面的漏洞。反對派還利用在行政長官選舉委員會獲得的席位威脅中央對行政長官選舉的安排，挑戰中央的權力。反對派議員在區議會、立法會內抗拒中央對香港的管治，干擾中央政策在香港的實施，阻擾香港融入國家發展大局，提出抹黑國家、攻擊內地的動議和議案等，這些舉動既損害國家利益，也損害香港利益。

第四，外部勢力將其培植、扶持的政治代理人，通過選舉送進香港政權構架，煽動其反中亂港，危害國家安全、損害香港利益。隨着國際形勢的發展，中國與西方的意識形態鬥爭加劇。外國和境外勢力試圖將香港作為遏制、遲滯國家發展的工具，通過以國內立法方式、行政方式和駐港領事機構、非政府組織等渠道，將干預法律化、制度化、常態化，並加大對部分反對勢力的支持並與之勾連，為反中亂港勢力提供保護傘，將這些作為西方政治代理人的反對勢力通過選舉送入政權架構，為其利益服務，企圖實現港版顏色革命，並最終奪取全面管治權。這是美國企圖藉助中國香港從內部長期搞亂中國、遏制中國的重要步驟。通過選舉培養代理人、將代理人送進體制為其利益服務是外部勢力介入別國事務的一貫伎倆。外部勢力通過各種方式為反對勢力參與的各類選舉提供支持，將反對派分子送進體制內以作為其政治代理人為其利益服務。一些議員公然要求美國加大對中國香港和國家的制裁，甚至跑到美國為制裁中國香港和遏制中國「出謀劃策」。可以說，香港選舉制度的漏洞為外部勢力提供了介入香港事務的更大空間，以至於外部勢力在香港上下其手，嚴重危害中國國家主權、安全、發展利益。

第五，區議會通過選舉方式，違背《基本法》的規定演變成反中亂港的平台。《中華人民共和國香港特別行政區基本法》第九十七條規定，「香港特別行政區可設立非政權性的區域組織，接受香港特別行政區政府就有關地區管理和其他事務的諮詢，或負責提供文化、康樂、環境衛生等服務」。區議會就是這樣的非政權性組織。但區議會在「一國兩制」的實踐過程中走偏、變形，

逐漸演變成政權組織，不僅在香港特別行政區行政長官選舉委員會中佔據高達 117 個席位，在香港立法會中也佔據 6 個席位。這嚴重背離《基本法》的的規定和初衷。2019 年 11 月舉行的第 6 屆區議會選舉，反中亂港勢力藉助舞弊、暴力、脅迫、恐嚇等手段影響選情，在奪取區議會多數席位後，更加肆意妄為，把區議會變為煽動對抗、大搞政治操弄的高度政治化組織，一些人甚至濫用職權，將區議會變成宣揚「港獨」思想、進行顛覆活動的平台。因此，有必要通過選舉制度改革糾正區議會政治化的問題，監督區議會回歸至《基本法》規定的區域性諮詢服務組織的功能。

第三節　完善香港選舉制度的重要性

香港選舉制度存在的漏洞成為危害國家安全行為的幫兇。從現實來看，只有改革、完善選舉制度才能堵塞選舉制度存在的漏洞，只有確保「愛國者治港」才能防範、遏制內外反中亂港分子藉助選舉危害國家安全、才能保障香港的選舉安全。全國人大及其常委會以「決定＋修法」的方式從國家層面作出完善香港選舉制度的舉措，最直接、最重要的目的，就是要有效彌補選舉制度中存在的漏洞和缺陷，保障「愛國者治港」，實現選舉制度的安全。

第一，只有實現安全的香港選舉制度，才能將反中亂港分子從政權架構排除出去。完善香港選舉制度，阻斷反中亂港分子進

入政權架構的通道才能實現選舉制度安全。維護選舉制度安全是國際社會的一貫做法。在選舉制度體系中設計忠誠國家條款、設計防干預條款（包括對外部勢力的干預以及勾結外部勢力的行為設計防干預、反介入或拒止、防勾結條款）是國際通行做法。任何國家和地區的選舉制度都不可能允許危害國家安全的人當選公職並在體制內危害國家安全。可以看出，確保愛國者治理國家在任何國家都是絕對政治正確。確保愛國者治理是國際社會的共識。事實上，為了確保管治權的掌控，美國等西方國家有非常完善的法律制度確保執掌權力者愛國。以美國為例，總統、國會議員乃至各州行政和司法官員，就任前均需宣誓效忠《憲法》。對於故意不依法完成宣誓者，政府有權對其提出起訴。《美國憲法》第十四修正案第三款更是規定：「凡曾宣誓的國會議員、國家及州的官員等，若參與作亂或給予聯邦敵人幫助，均不得擔任議員、參選總統、副總統。如果涉嫌叛國，最高可處死刑。」[7] 歷史上美國參眾兩院有多位議員（參議員 14 名，眾議員 3 名）因為 1861 年內戰期間支持國家分裂被解職。反觀當前中國香港的選舉制度，一而再、再而三地讓危害國家安全的人擔任公職，並在擔任公職期間繼續從事包括勾結外部勢力在內的危害國家安全的行為。只有在從選舉制度上確保香港選舉的安全，才能防止不忠誠國家、危害國家安全、勾結外部勢力的反中亂港分子進入體制。堅持「愛國者治港」是從選舉制度上保障選舉安全的必由

7　〈美國等西方國家怎麼落實「愛國者治理」原則？這是你需要了解的事實〉，《人民日報》，2021 年 3 月 19 日，第 16 版。

之路。

　　第二，只有實現安全的香港選舉制度，才能防範外部勢力的干預。現行選舉制度存在的漏洞，為外部勢力介入香港事務提供了空間和平台，導致反中亂港分子通過選舉，勾結外部勢力危害國家安全。比如夏博義以英國牛津市議會議員、英國自由民主黨黨員身份當選大律師公會主席，正說明各類選舉存在的漏洞，也表明外部勢力通過選舉的滲透可謂無孔不入。從國際上來看，防範外部勢力干預選舉，一方面要防範外部勢力對選舉的物理干預，包括外部勢力可能趁選舉進行的網絡攻擊，例如破壞網站、病毒侵襲、盜取數據等。另一方面要防範外部勢力利用選舉制度、方式、過程等的漏洞進行滲透干預。遏制外部勢力干預必須從堵塞選舉制度漏洞開始。《香港國安法》的實施從制度和機制上走出了維護國家安全的重要一步。從國際上防範外部勢力干預選舉的正反經驗來看，確保「愛國者治港」是改革香港選舉制度、遏制外部勢力干預選舉、維護選舉安全的重要舉措。外部勢力能長期干涉香港事務的重要原因之一就是「愛國者治港」原則得不到全面落實，香港選舉制度沒有形成防止選舉危害國家安全的制度設計。

　　第三，只有實現安全的香港選舉制度，才能落實「愛國者治港」的原則。選舉制度的漏洞成為反對勢力和外部勢力等反中亂港者危害國家主權、安全、發展利益的工具，甚至成為其奪取管治權的平台。連國家安全都不能保障的選舉制度，確實到了非改革不可的地步。確保香港各類選舉的安全，是維護國家安全的重要方面和必然要求。當然，改革選舉制度、維護選舉的安全也必

須在「一國兩制」和《基本法》的框架下，按照「愛國者治港」的原則依法進行。只有實現安全的選舉制度，國家安全、香港安全才有保障，選民才能安全地選舉。

第四，只有實現安全的香港選舉制度，才能確立行政主導的體制。從國家層面對香港選舉制度的改革和完善，其中行政長官和立法會選舉制度的設計，既有重疊又有差異，這樣可以更好回歸《基本法》設計的行政機關與立法機關相互配合、相互制衡，有利於鞏固和維護行政主導體制，使特區政府和社會各界人士能夠集中精力發展經濟、改善民生。新的選舉制度確保行政長官由中央信任的堅定的愛國者擔任，確保愛國愛港力量在選舉委員會和立法會中穩定地佔據壓倒性優勢。新的選舉制度將在立法會形成穩定支持行政長官和特別行政區政府的力量，恢復行政主導的本質，讓特區政府和社會各界集中力量發展經濟、改善民生，破解香港面臨的深層次結構性矛盾。

第四節　落實「愛國者治港」仍需政策配套

從國家層面完善香港選舉制度為維護香港憲制秩序、確保「愛國者治港」，為保持香港長期繁榮穩定提供了法律和制度保障。落實「愛國者治港」是建立健全以選舉制度為代表的香港特別行政區政治制度的重要舉措。全國人大及其常委會完善選舉制度，堵塞了反中亂港分子利用選舉進入管治架構，危害國家主

權、安全、發展利益的制度漏洞。完善選舉制度是繼制定《香港國安法》後,貫徹落實中共的十九屆四中全會重要部署的一個重大舉措,既維護國家主權、安全、發展利益,又保障了香港的整體和長遠利益。新的選舉制度從根本上保證了只有愛國者才能進入政權和治理架構。但要全面落實「愛國者治港」,讓「愛國者治港」發揮強大的效能和作用,仍需要各方面政策的配套和支持,需要通過各種方式和政策,提升愛國者作為管治架構成員的治理能力,提升參與決策的能力,提高支持特區政府施政的能力。

第一,「愛國者治港」原則制度化、法律化。全國人大及其常委會通過「決定 + 修法」的方式,確立了完善選舉制度的根本遵循。在香港特區層面,需要嚴格按照全國人大及其常委會「決定 + 修法」的制度設計,來修訂完善有關法律規定,讓「愛國者治港」切實落地。這正體現了中央全面管治權和香港高度自治權利有機結合。隨着《基本法》附件一、附件二的修訂完成,香港特區政府要持續落實中央在完善香港選舉制度方面作出的部署。

第二,創造良好的政治生態,讓香港社會中有能力的愛國者嶄露頭角,並培養、擢升願意參與到治理過程中的愛國者。「愛國者治港」不是一句空話,香港特區政府完善公職人員宣誓或簽署效忠聲明的制度就是對「愛國者治港」的實踐。截至 2021 年 4 月 1 日,17 萬公務員中,共有 129 名公務員拒絕簽署效忠聲明,這些人被要求離職。對已經和打算擔任重要崗位、掌握重要權力、肩負重要管治責任的政治人才,須以堅定的愛國者標準從嚴培養。作為堅定愛國者的政治人才,須具備更高政治素養和政治能力,具有國家意識和國際視野,具有高度戰鬥力和團結力,能

夠積極推動政治、司法、國安、社會、教育、媒體等領域的制度建設和改革。[8]

第三，加強對愛國者的《憲法》、《基本法》、《國安法》教育，增強愛國者的國家認同。「愛國者治港」不是要搞「清一色」。由於香港的特殊歷史背景和制度背景，即便是愛國愛港者也對共產黨、對國家、對內地了解不多，甚至存在各種成見、偏見和誤解。完善選舉制度構建起來的是香港特色的民主政治，是「愛國者治港」與政治包容的有機結合。但在香港已經回歸多年的情況下，有必要通過政策支持，來提升愛國愛港者對共產黨、對國家、對內地的了解和理解。因此，有必要開展特別針對愛國愛港者的教育，提升他們了解、認識和理解國家的能力。全國性團體中的香港成員，是熟悉香港並在不同領域服務香港社會的重要力量，同時對國家事務有比較多了解。由他們擔任選委會委員，能更好地向香港社會宣傳和介紹中央對港的各項方針政策，也可以藉此增強香港社會對國家的認識和認同。

第四，提升愛國者的治港理政能力建設和擔當。堅持「愛國者治港」是在香港實行港人治港的最低要求。在推動國家治理體系和治理能力現代化，以及中央把「堅持『一國兩制』，保持香港、澳門長期繁榮穩定，促進祖國和平統一」列為國家治理和國家治理體系的 13 個顯著優勢之一的大背景下，必須着重提升包括選舉委員會、行政長官、特區政府主要官員、立法議員、司法

8　林華山：〈配套佈局香港愛國政治人才培養工作〉，2021 年 3 月 31 日，https://www.cqsy.org/?School/Development/3685.html。

人員在內的治港主體的治港理政能力。2019 年 12 月,習近平主席在慶祝澳門回歸祖國 20 周年大會暨澳門特別行政區第五屆政府就職典禮上提出,特別行政區要適應現代社會治理發展變化及其新要求,推進公共行政等制度改革,提高政府管治效能,促進治理體系和治理能力現代化。[9] 清華大學王振民教授認為,新的選舉制度旨在建立一套機制體制,不僅確保治港者都是愛國者,還要從愛國者中挑選出德才兼備、有治理能力的人才,形成一套愛國人才選拔機制,為選賢任能提供堅實制度保障,實現香港市民所期待的良政善治。[10] 因此,必須在「愛國者治港」原則下遴選和培養有能力有擔當的愛國者治理香港,確保愛國與能力的統一,提高愛國者治港理政能力,真正發揮「愛國者治港」效能。

9　習近平:〈在慶祝澳門回歸祖國 20 周年大會暨澳門特別行政區第五屆政府就職典禮上的講話〉,《習近平談治國理政》(第三卷),北京:外文出版社,2020 年,第 415 頁。

10　〈新制度如何確保「愛國」與「能力」的統一?——完善香港選舉制度熱點透視之三〉,新華社,2021 年 4 月 4 日,https://m.gmw.cn/baijia/ 2021-04/04/ 1302209083.html。

第十章

「一國兩制」的
「去殖民化」與兩權有機結合

第一節 「一國兩制」與「去殖民化」

「去殖民化」是個老生常談的問題，往往遇到重大問題或焦點事件就會被反覆提出。香港「一國兩制」的高質量實踐需要進行「去殖民化」，建立與「一國兩制」相適應的主流價值觀。2023年5月，國泰航空機艙服務員語言歧視事件引發巨大爭議和關注。該事件中語言歧視僅僅是表面現象，本質上是對內地的負面認知、對國家認同的缺乏，更深層的是對西方價值體系的盲目崇拜和優越感。此事件並非個別例子，回歸20多年來，香港出現的一系列類似問題表明，香港社會在多個方面都存在對內地、對國家的負面認知，背後有複雜的認同問題，也凸顯「去殖民化」的必要性和緊迫性。正如北京大學強世功教授所言，英國留給中國香港的文化和傳統，在一百多年時間裏已經根植到中國香港人的日常生活中，成為了生活和歷史的一部分，很難簡單去掉。「去殖民化」的關鍵在於清除殖民統治所建立起來的文化和精神秩序。中國香港只有在不斷認識國家和歷史的過程中，認識中國從傳統轉向現代的曲折道路，認識中國式現代化道路和中華民族現代文明秩序的歷史意義，才會整體地提高文化意識和歷史意識，進而完成「去殖民化」。從「一國兩制」未來的實踐路向來看，必須在香港採取「去殖民化」的措施，才能從根本上維護國家主權、安全、發展利益，落實中央對香港的全面管治權，增強對國家的認同。

第一，香港「去殖民化」的時代背景發生重大變化。回歸初

期，為了保持穩定、安定民心、減少爭議，「去殖民化」未能全面開展。回歸多年來，香港特區政府未能重視「去殖民化」問題，沒有認真處理「去殖民化」工作，導致遺害不斷發酵，引發一系列政治、社會問題，甚至導致香港與內地的長期矛盾。有觀點認為，「去殖民化」會影響香港的國際化，會影響香港的獨特性和優勢，影響「一國兩制」的實踐。如果在回歸初期，這樣的想法和認識還能理解，但在回歸 20 多年後，隨着「一國兩制」實踐中出現的嚴重變形、走樣已經凸顯沒有「去殖民化」的危害。「一國兩制」所強調的是保留原有的資本主義制度及生活方式，但不代表要將舊事物全部保留，一成不變。「去殖民化」與否，本身與「一國兩制」並無衝突，也不存在抵觸。我們需要在「一國兩制」不斷實踐中深化認識，以新時代的新思維、新理念指導「一國兩制」的實踐，辨析「去殖民化」與國際化的相互影響和交叉互動。要認識到多重因素導致回歸後香港的「去殖民化」進程緩慢，甚至出現停滯不前的情況，但不能就此斷定香港難以「去殖民化」，更不應輕言「一國兩制」與「去殖民化」之間存在悖論，從而放棄對「去殖民化」的工作。

第二，香港「去殖民化」面對「去」與「留」的複雜態勢。要理性地認識到「去殖民化」並不意味將港英時代的制度設計統統去掉，何況一些有益的特質，已經內化到香港社會當中。《香港基本法》的主要精神，是保證香港回歸後，原有的資本主義社會、經濟制度不變，生活方式不變，法律基本不變。所以其中的條文，規定不變的多，說要變的少。有觀點認為，香港之所以難以進行「去殖民化」，原因在於「一國兩制」本身與「去殖民化」

存在悖論。既然「一國兩制」本身要保持很多不變，包括保持原有的（即殖民時代的）資本主義制度及生活方式，以及原有的法律亦得以保留，就意味着很難真正地「去殖民化」。還有觀點認為，在維持現狀和穩定香港人對香港前途的信心下，「一國兩制」沒有「去殖民化」的計劃，基本上沒有意圖要在回歸後改變香港人的思想心態。從某種程度上這是事實，但這並不意味着當香港出現危害國家主權、安全、發展利益的態勢時仍一味堅持不變。這些認知都沒有結合具體的時代發展與時俱進，沒有以發展的思維來看待香港的「去殖民化」。「去殖民化」是去蕪存菁、去除風險，留下發展、留下安全。劍橋大學教授普裏揚巴達·戈帕爾（Priyamvada Gopal）指出，在破除西方認識論權威的同時，不能落入「回歸前殖民時代」浪漫神話的陷阱，「去殖民化」不是不加批判地信奉一切本土之物，而是要重建關係和製造聯結。

第三，在香港「去殖民化」不是去國際化、去西方化、去英語化，而是去風險化。有觀點認為，「去殖民化」會影響香港的國際化，會影響香港的獨特性和優勢，影響「一國兩制」的實踐。「去殖民化」並不是要去掉西方影響，並不是推動中國香港與英國、美國等西方國家脫鈎，而是從制度、文化、心理、行為邏輯、價值觀等方面去掉英美等西方影響，這是去風險化。紐約、倫敦也是高度文化多元化的國際大都市，但其多元文化與西方核心價值觀是一體的。新加坡「去殖民化」後，其文化多元特性不但沒有下降，還進一步吸納新的多元文化，與其重塑的共同價值觀融為一體。未來一個時期，必須採取全面的「去殖民化」工作，鞏固香港的國際地位和國際化水準，制約殖民化和西方價值觀的影

響，漸進降低殖民化影響，構建國家認同和主流價值觀。

　　第四，在香港「去殖民化」要打破殖民史觀敍事，構建回歸史觀的歷史敍事與話語結構。香港社會的歷史認知存在問題，這不但有港英政府進行的「去中國化」的史觀教育的問題，也有「一國兩制」在香港落實不力、回歸史觀教育不足的問題，還有過去多年來出現的以本土思潮之名行分離主義之實的分離史觀擴散問題。當前社會存在三種歷史認知，即「去中國化」史觀、回歸史觀和分離史觀。英國對香港殖民統治 150 餘年，對整個香港歷史進程中的政治制度、經濟體系、文化觀念、社會形態、國家認知、生活方式等方面採取強勢的管治策略，其影響深遠。英國對中國香港推行行政吸納政治、經濟上實施自由市場經濟體系、文化教育上推崇西方價值觀念、國家認知上弱化中國歷史，通過這一系列的管治方式，英國歷史印痕深深植入港人心中。同時又由於回歸後，在香港沒有採取強力的「去殖民化」政策，導致回歸以來香港社會中仍然彌漫濃厚的史觀。「去中國化」史觀主要表現就是懷念殖民統治時期的輝煌、抨擊回歸以來「一國兩制」在香港的實踐、否認中國人的國民身份認知、崇拜西方價值觀等等。如在文化上，推崇中國傳統的歷史文化傳承和本土的流行文化，但卻否定當代特別是新中國成立以來的文化價值；在身份上，強調香港人的身份內涵，但卻忽視中國人的身份認同；在政治上，更多是對地理概念上的中國的認知，卻有意地藐視中國共產黨治理下的政治制度。史觀不僅僅是教育問題，更是社會結構和政治認同，「去殖民化」需要打破「去中國化」史觀、分離史觀的敍事，構建回歸史觀的歷史和話語敍事。

第五，在香港「去殖民化」要與全面「強國際化」形成正向回饋與支持。《香港國安法》的實施、選舉制度改革以落實「愛國者治港」原則的舉措已經從本質上改變了香港的政治生態。目前香港具有「去殖民化」最為良好的政治、社會環境，有利在政治、經濟、文化、社會等領域深層加快「去殖民化」進程，重塑香港社會結構，通過大灣區、「一帶一路」等國家政策以新的姿態推進國際化進程。將「去殖民化」與拓展國際化聯繫起來，運用自身優勢開拓國際化新空間，形成積極正面回饋和路徑依賴。進一步強化香港發展的穩定性，服務於國家戰略，助力大灣區和國內國際雙迴圈發展，在構建人類命運共同體中發揮香港優勢。

第六，在香港「去殖民化」要通過增強、強化中國歷史文化、政治禮儀標誌性的器物、符號、載體等在香港落地生根，來稀釋殖民文化的影響和延續。特區政府致力推動中國文化在香港的傳播，但社會面上仍存在對融入國家發展大局的軟性抵制、對中國文化傳播的抵觸、對殖民文化的推崇。當然，要理性地看待香港社會使用英文的範圍。使用英文並不完全是推崇殖民文化，也有全球化、國際化的需要。「去殖民化」不僅是從符號上去殖，更多是從思維、心態、理念、觀念、認知、認同等方面去殖，而後者更加重要。如果「去殖民化」矯枉過正，便可能影響香港固有的獨特性。因此，不宜僵硬、僵化，在香港大搞去殖民符號、標識，比如路名、地名等。回歸後特區政府並沒有對所有帶有殖民歷史色彩的建築物、街道和地標作出修改。比如香港有意見提出為了從小培養和激發幼兒的愛國情感，中央政府應該在適當時候去除殖民符號，例如由改變香港的地名和道路名開始。2021 年

10 月，有民眾舉辦集會請願稱希望港府將維多利亞公園更名為人民公園，以凸顯香港已經回歸。對於這種比較激進的訴求要理性地看待。

第七，在香港「去殖民化」要將宏大敘事和微觀情感相結合，關注基層和普通民眾的情感接受度。「去殖民化」不但要從中華文明、傳統文化、歷史傳承、國家認同等方面進行宏大的話語敘事，以強化香港與國家、個體與國家的依附與歸屬關係，而且要注重去殖民化與個體的發展、家庭的情感、個體關係的延伸等微觀層面的敘事，以使個體意識到「去殖民化」不僅僅是官方的責任也是個體的義務。「強國際化」不但要從民族復興、國家戰略、香港發展等宏大角度敘事，也要從香港國際化對香港的前途、個人的前途等方面進行微觀敘事，以增強個體對香港國際化的關注。「去殖民化」與「強國際化」要把中國、香港與在地故事進行融合，融入在地的社會和生活。使用專業化和科學化的語言助力「去殖民化」與「強國際化」。

第八，在香港「去殖民化」要結合新時代的國際關係格局、地緣政治博弈、國家崛起和香港的政治生態創新「去殖民化」的理論與實踐。支持內地、香港學術界用原創性、邏輯性、標識性的學術概念創新「去殖民化」的理論與實踐，研究「去殖民化」與「強國際化」的相互促進機制，闡釋「一國兩制」在香港特別行政區的實踐，為構建中國自主知識體系中具有重大獨創性的中國特色社會主義制度偉大創舉的「一國兩制」制度提供學理支持。

第二節　兩權有機結合的制度與政策調整

一

　　「一國兩制」是中國的一項基本國策，是戰略抉擇，而不是權宜之計，不會改變。「一國兩制」有堅實的民意基礎，是內地和香港之間的最大公約數，不應該改變。香港、澳門回歸以來的實踐證明，「一國兩制」是做得到、行得通的，是經過實踐檢驗的好制度，沒有必要改變。香港、澳門實行「一國兩制」為國家快速成長為世界第二大經濟體作出了巨大貢獻，為港澳的自身長足發展提供了重要制度保障，為世界各國投資者在香港和澳門提供了巨大的商機。

　　維護甚麼樣的「一國兩制」更符合香港和國家的利益；建設甚麼樣的香港、澳門更符合中央政府的政策、更符合港澳同胞的要求，可以說一直以來是各利益攸關方關注的焦點。香港問題的本質是中央和愛國愛港力量與內外反對勢力在關於香港的制度、香港與國家的關係、香港在中西方關係中的角色、香港的前途等問題上的根本分歧。

　　「一國兩制」在港澳實踐的基本經驗是要用「變」來維護「不變」。變，就是要與時俱進地理解和校正「一國兩制」在實踐中出現的問題和矛盾；不變，是必須堅持「一國兩制」。「一國兩制」的生命力在於隨着時代和內外環境變化以及實踐中出現的新情

況、新問題進行調試、校準，讓「一國兩制」的制度一直在誤差允許的範圍內運行。香港、澳門實行與內地不同的制度，不是理所當然的，更不是天上掉下的餡餅。堅持「一國兩制」既要尊重香港、澳門實行的資本主義制度，也要尊重國家主體實行的社會主義制度，要看到中國共產黨領導下的具中國特色社會主義制度是中國香港、中國澳門資本主義制度長期不變的依託和保障；既要保持中國香港、中國澳門長期繁榮穩定，也要維護國家主權、安全和發展利益，要看到維護國家主權、安全和發展利益是「一國兩制」的首要宗旨；既要尊重香港、澳門特別行政區的高度自治權，也要尊重中央的全面管治權，要看到中央的全面管治權是高度自治權的本源。[1] 長期以來，「一國兩制」、港人治港、高度自治的政策論述，深入港澳社會乃至國際社會對「一國兩制」的認識。但香港及國際社會一廂情願地認為「一國兩制」是應該的，而港人治港、高度自治是應有的權力。

2014 年 6 月，《「一國兩制」在香港特別行政區的實踐》白皮書公開使用全面管治權這一概念。此後，關於全面管治權與高度自治權的研究開始出現。[2] 全面管治權是對中央對特別行政區擁有的權力的一種總體性概括，這種權力是基於中國單一制國家結構而形成的，是對中央權力在《憲法》上的概括表達。高度自治

1　〈張曉明在《香港基本法》頒佈 30 周年法律高峯論壇開幕式上致辭〉，中聯辦，2020 年 11 月 17 日，http://big5.locpg.gov.cn/jsdt/2020-11/17/c_121089054 8.htm，上網時間：2021 年 12 月 30 日。

2　董立坤等：《中央管治權與香港特區高度自治權的關係》，北京：法律出版社，2014 年。

權是對特別行政區所行使的行政管理權、立法權、獨立的司法權和終審權的一種總體性概括。兩者相輔相成，共同構成特別行政區治理體系的整體。[3] 香港社會對全面管治權的認知存在很大的差異，了解、分析社會對全面管治權的認知差異是落實全面管治權、推動兩權有機結合的基本要求。關於全面管治權和高度自治權的兩權有機結合，立法會前主席曾鈺成認為，要具體情況具體分析，很難固化某種方式或確定某種公式，不可能按照公式去做，就算實現兩權有機結合。中央對特別行政區的全面管治權本是主權的延伸。但在香港社會有不少政治勢力反對中央享有全面管治權，歪曲、醜化、曲解全面管治權的含義，以中央以全面管治權來削弱特別行政區高度自治權的歪理邪說煽動社會抵制中央實施對特別行政區的全面管治權。

中央對特別行政區行使全面管治權是基於中國單一制的國家結構，是國家主權層面的問題，中央授予特別行政區高度自治權，是主權具體行使層面的問題。前者是後者的前提和基礎，中央授予特區高度自治權也是中央對特區行使全面管治權的體現，二者內在一致，不可分離。在 2020 年 6 月 30 日頒佈實施的《香港國家安全法》中，就規定了中央人民政府對與香港特區有關的國家安全事務負有根本責任，而香港特區對維護國家安全負憲制責任，也是承擔主要責任，凸顯了從中央和特區兩個層面維護國家安全的重要性。

3　王禹：〈「一國兩制」下中央對特別行政區的全面管治權〉，《港澳研究》，2016 年第 2 期，第 8 頁。

依據《中華人民共和國憲法》，特別行政區的權力全部由中央授予，這是中央對香港、澳門兩個特別行政區擁有全面管治權的邏輯起點。《基本法》也對中央權力作了全面而具體的規定。按照一國原則，中央除負責特別行政區的外交、軍事事務外，還擁有廣泛權力，如任命行政長官及主要官員，審查和發回特別行政區的法律，決定部分全國性法律在特區實施，對行政長官和立法會產生辦法及修改的最終批准和同意備案，決定特區進入緊急狀態，解釋《基本法》，修改《基本法》等等。中央在對特區充分授權的同時，在行政、立法、司法，人權、財權、事權等各個領域、各個環節，都保留了相當的權力；對授予特區的權力，也保留了指導、監督、糾錯的權力。但在實踐中，中央對這些權力並未充分行使，加之反對派故意曲解，在部分港人中形成一些中央不必行使，甚至不能行使權力的思維慣性。落實中央對港全面管治權既是中央的權力，也是中央的責任，對於維護國家主權、安全、發展利益以及保持香港繁榮穩定至關重要。

二

「一國兩制」的核心是中央政府授權特別行政區的高度自治權。但香港的經驗和教訓表明，統一前必須設計、制定好，確保中央有關事權的法律和執行機制，特別是一些高階政治範疇的事務，必須通過強有力的法律制度來維護一國的權威。中央授權香港獨立的司法權和終審權、授權香港自行確立維護國家安全的法律以及制定教育政策，但卻缺乏授權後的制約，導致社會長期在

司法、安全、教育等方面與中央對抗。因此，必須確立對中央授權自治權力的制約，必須對中央事權、中央事務通過法律制度的形式建立、確立健全並強而有力的執行機制。特別是對政治、外交、安全、司法、教育等高階中央事務，必須強化中央權力在特別行政區的存在。

第一，香港回歸以來，兩地融合歷程經歷了從「香港提出、中央支持」到「中央推動、香港配合」的轉變。從未來兩地融合的趨勢、範疇來看，中央支持香港融入國家發展大局，但香港社會仍存在不少抗拒、抵制融合的力量，制度差異成為融合發展的政策障礙。因此，融合中的法律、文化、政治衝突是不可避免，矛盾也將長期存在。香港社會內部也出現各種焦慮情緒，包括擔憂香港在國際、在國家發展格局中的地位下降，曾經的發展頂峰已經逝去，進而對未來發展前景迷茫。擔憂香港社會矛盾無解、生活水準相對下降；擔憂香港對於內地物質優越感的喪失，制度層面和價值觀層面的優越感是否還能保存，進而在內地與香港的選擇中彷徨等等。這些焦慮情緒影響着港人的政治取向——變得更加保守、更加內向，進而影響港人對「一國兩制」的認識。

第二，增強國家主權、政權內涵在國民教育過程中的融入，強化對國家權力的認識。香港回歸前，中央政府對教育問題的重要性認識不足，特別是沒有進行「去殖民化」教育。以及香港回歸以來長期在教育問題上的監督不到位，導致教育問題為「一國兩制」的實踐帶來嚴峻挑戰。長期以來，青少年在教育中對國家主權、政權的涉及較少，甚至迴避。「一國兩制」並不是不要講國家主權、國家政權，而主權和政權正是「一國兩制」的應有之

義。另外，由於香港的本位主義、香港利益、香港優先等思維，長期以來對何為國家利益，特別是國家核心利益的理解也非常缺乏。

第三，美國是「一國兩制」高質量實踐面臨的主要外部干擾因素。從歷史上和宏觀政策上看，美國在二戰期間支持中國恢復行使對中國香港的主權，在 20 世紀 80 至 90 年代支持以「一國兩制」解決中國香港問題，在 1997 年回歸後支持「一國兩制」在中國香港的實踐。在現實與微觀政策上，美國一方面希望維持在中國香港的各種利益，並獲得更多政治、經濟、安全的利益。另一方面，美國又試圖以中國香港作為遏制中國發展、與中國進行博弈的籌碼，特別是意圖挾對中國香港的特殊政策以令中國讓步，並以人權、意識形態等議題在內外施壓中國香港的政治，擴大其介入中國香港事務的觸手。2019 年 6 月，中國香港發生「修例風波」，美國深入介入、推波助瀾，惡化了政治安全局勢。2020 年 5 月以來，中央政府在中國香港進行國家安全立法，美國再次深度介入，並推出大量的制裁以及施壓其他西方國家跟進中國香港議題。外部勢力介入中國香港事務，嚴重干擾、阻礙了「一國兩制」的實施。美國將中國香港、台灣地區視作民主價值的「示範力量」(demonstration power)。[4]

第四，香港回歸多年來，特區政府的施政思維和施政能力沒

4　Bork Ellen, Hong Kong, Beijing, and the US-China Policy Shift, *The American Interest*, October 25, 2019. https://www.the-american-interest.com/2019/10/25/hong-kong-beijing-and-the-us-china-policy-shift/

有與時俱進，經濟、民生問題長期以來不但沒有改觀，問題反而越加嚴重，社會矛盾日益突出，導致民眾對政府的信心和支持度大幅下降。因此，中央政府應監督特別行政區政府高度自治的內容，監督權必須具體化、實質化。監督特區政府的施政能力，最重要的還是抓住以行政長官為主的主要官員團隊，提升他們施政的能力，特別是處理重大公共危機的能力。推動特區政府實現施政思維的現代化、施政體系的現代化和施政能力的現代化。

第五，強化中央權力的能見度。自從 2014 年「一國兩制」白皮書提出中央對香港具有全面管治權以來面臨的問題，即如何把全面管治權運行起來。在治理香港的過程中，中央的權力應該扮演甚麼角色、發揮甚麼作用。香港不少精英人士，包括政府官員缺少大局觀、缺少從國家的高度來認識問題，缺少政治敏感度，沒有契合香港在國家發展中的角色。他們的眼光往往只聚焦香港的利益，沒有將世界形勢、國家大局和香港利益結合在一起。因此，中央政府要把握好中央權力的宏觀政策，對穩定中間層面的各種政治經濟社會互動結構，對政治性較低的層面的議題要掌握、知情，但可放手。未來要加強對中央任命的主要官員的監督。除特首外的其他主要官員，可以書面形式向中央政府述職，平衡主要官員對特首負責和對中央負責的雙規制。年度述職和不定期述職相結合，加強行政長官、主要官員與中央政府的互動頻率。

第六，既要加強中央對駐港機構的設計，也要加強對中央駐港機構的監管。目前，中央政府在香港特別行政區有四個機構，分別是中央政府駐港聯絡辦公室、駐港部隊、外交部駐港公署、

中央駐港國家安全公署。要大力加強對中央治港機構的內部治理，使中央駐港機構更加有效地執行中央對港政策，協助、監督特區政府更好地施政、更好地實踐「一國兩制」。

第七，需全面平衡中國一體和香港例外之間的關係。毫無疑問、不容否認，幾十年來（包括回歸前），香港的例外確實帶來獨特的貢獻，國家受益、香港受益，國際社會也受益於香港的例外。這個例外就是香港實行「一國兩制」。面對香港近幾年來出現的嚴重問題，特別是在政治、安全上對國家主權、安全造成的挑戰，進而帶來的中央對香港加強管治，以及中國自身的發展和與西方在意識形態上的衝突，造成國際、香港乃至內地，對於香港是否仍需要例外出現了不同認識。中國的發展仍然需要例外主義的中國香港，但必須以維護國家主權、安全、發展利益為前提。實際上，即便是 20 世紀 80 年代，中央政府決定以「一國兩制」給予香港例外，也是以主權安全為前提的。中國政府在與英國談判香港問題時處處體現出中國將香港經濟上的例外納入主權不例外的框架。

三

香港自 1990 年頒佈《基本法》後，都沒有進行過修改。回歸以來，一直是通過人大釋法（全國人大常委會解釋《基本法》）、人大決定（全國人大及常委會作出「決定」）以及授權立法（全國人大授權人大常委會立法）方式補充、完善《基本法》。這幾種方式為維護「一國兩制」的實踐和《基本法》在香港的實施，發揮

了重要作用。全國人大是中國最高權力機關和立法機關，作為其常設機構，人大常委會作出的決定同樣具有最高法律效力。全國人大及常委會作出相應決定完全符合法律程序，也是依法治港的重要步驟，與《基本法》不存在矛盾。但全國人大常委會的每次釋法和決定都在香港引起爭議，導致社會，特別是法律界與中央政府之間的矛盾。

人大釋法既是中央對香港擁有全面管治權的重要表現，也是香港法律體系的重要組成部分。人大釋法具有追溯力，法庭的判決必須接受釋法的約束。全國人大常委會對《基本法》的解釋，基本上解決了《基本法》的規範與社會現實的一些矛盾和衝突。在香港的政治生態環境下，圍繞全國人大常委會解釋《基本法》產生的分歧、辯論和鬥爭，每每成為重要的政治議題，在某種程度上也是中央對香港行使全面管治權遇到的高難度問題之一。分歧主要體現在三方面。

一是香港社會，特別是法律界認為，全國人大常委會主動解釋《基本法》，或者由香港特區政府向國務院請求全國人大常委會解釋《基本法》的行為，屬於違反《基本法》。只有終審法院才有權向全國人大常委會提出解釋《基本法》的請求。

二是香港部分法律界人士認為，香港必須以普通法的規則來對《基本法》進行解釋。他們對全國人大常委會解釋《基本法》的方法持否定態度。

三是部分法律人士認為，只有香港的法院才有權決定《基本法》的條款哪些屬於香港特區自治範圍之外的條款。這些分歧表面上看，是實行普通法的香港與實行大陸法的內地之間的法律

思維差異，但根本上，是中央與地方的權力之爭、香港反對中央全面管治香港。雖然每次人大釋法在香港社會還會引起一定爭議，但是整體上，通過人大釋法解決問題在香港社會形成了一定共識。所以當前來看，人大釋法是解決「一國兩制」在香港實踐和《基本法》出現問題的最佳解決方式。目前社會、學術界有很多聲音主張修改《基本法》。修改《基本法》會引起更大的社會爭議，目前來看，更好地完善人大釋法制度才是最佳選擇。雖然《基本法》條文有些模糊的空間，但這也為「一國兩制」的實踐提供彈性空間。全國人大常委會對《基本法》解釋的效力必須得到香港各級法院的遵守。全國人大常委會解釋《基本法》的權力，在特區是完全得到承認及尊重的。當然，各級法院對全國人大釋法的認知是存在差異的。所以要通過更好地溝通，讓法律界、法院各界更加充分地認識解釋《基本法》的必要性。香港回歸以來，全國人大常委會就《基本法》作出五次解釋。第一次是 1999 年 6 月 26 日，對第二十二條第四款和第二十四條第二款第三項的解釋，涉及吳嘉玲案；第二次是 2004 年 4 月 6 日，關於附件一和附件二中行政長官和立法會產生辦法的解釋，涉及政改方案；第三次是 2005 年 4 月 27 日，對第五十三條第二款的解釋，涉及補選產生的行政長官的任期；第四次是 2011 年 8 月 26 日對第十三條第一款和第十九條的解釋，涉及國家豁免問題是否屬於外交事務；第五次是 2016 年 11 月 7 日對第一〇四條的解釋，涉及宣誓問題。每次人大釋法都是中央謹慎作出的決定，都是衡量再三、平衡再三作出最符合實際的最佳解釋。

四

　　香港回歸以來，依靠內地的超大經濟體量、超大人口規模和超大市場空間，獲得發展的重要依託和憑藉。與此同時，香港也對內地的改革開放和社會主義現代化建設做出了獨特貢獻。在國家「十四五」以及 2035 年遠景時期，國家的發展，特別是新發展格局下，為香港提供了巨大的發展機遇和空間，也為港澳在新時代改革開放中繼續發揮獨特作用提供了平台。

　　第一，考慮到兩地規模的巨大差距，以及香港對內地日益增長的經濟依賴，香港逐步與內地融合是不可避免的。對香港來說，其現實目標應該是繼續成為中國最自由、最國際化的城市，並保持其獨特的國際地位。2020 年 10 月 14 日，習近平主席在深圳經濟特區建立 40 周年慶祝大會上的講話中首次對港澳使用融合發展這一概念。習近平主席總結經濟特區 40 年改革開放、創新發展的十條經驗，其中第九條指出「必須全面準確貫徹『一國兩制』基本方針，促進內地與香港、澳門融合發展，相互促進」。2020 年 11 月 6 日，中共中央政治局常委、國務院副總理韓正在北京會見時任行政長官林鄭月娥時表示，凡是有利於保持香港長期繁榮穩定、有利於增進香港同胞切身的福祉、有利於促進內地與香港融合發展的事情，中央都會全力支持。

　　第二，更好地向國際社會闡釋中國政府對「一國兩制」的定位，重塑國際社會對「一國兩制」的認識。某種程度上可以達到以外示內的效果。對在香港問題上開展對話交流（官方的雙邊或多邊以及非官方的靈活形式）持開放態度，有助於增信釋疑。不

定期向以西方國家以及關鍵國家派出各種層次的交流團隊，加強與當地政界、商界、學界以及華人華僑團體交流關於「一國兩制」、香港發展議題，跟進國際社會各界對「一國兩制」在香港實踐的看法。

第三，支持香港作為國際金融中心發展的政策配套。例如鞏固香港國際金融中心地位，建立人民幣中心的跨境交易、支付體系等。美國以《國安法》為由，對中國香港進行制裁。雖然目前制裁影響有限，但從長遠計，必須逐步降低美元影響，才能擺脫美國的威脅。一方面，中央政府應通過多元的政策支持，穩定形勢，鞏固國際金融中心地位。另一方面，通過加快金融開放、人民幣國際化、大灣區建設等方式分散風險。一是擴大香港與內地金融市場的互聯互通，特別是香港與上海、深圳之間的特殊互聯互通渠道，包括資本、技術、人才、市場、稅收，讓內地金融市場的開放優惠政策先給予香港。二是建立人民幣中心的跨境交易、支付體系，將香港變成人民幣中心體系的核心支點。三是加快上海、深圳國際金融中心和澳門證券交易所建設，拓展人民幣國際化的更多路徑。四是香港作為最重要的離岸人民幣業務中心，在人民幣國際化方面發揮重要作用，必須在保障香港業務安全的情況下，拓展更多人民幣離岸業務，例如可在上海與新加坡全面合作機制框架下加強人民幣離岸業務的合作。加大與其他國家的本幣互換協議規模，推動更多國家將人民幣作為結算貨幣。五是梳理未來幾年，中概股回流香港二次上市的企業以及首次赴香港上市的企業名單，指導企業有步驟、分階段地推進上市進程，避免盲目、集中上市對香港金融市場帶來的負面影響。

第四，經濟民生問題的切實緩解。中央政府通過行政手段，擴大香港的輻射範圍，擴大內地資源在香港的存在和能見度。通過國際、內地和香港三方發展空間的優化組合，延伸香港優勢資源的外溢，擴大香港、港資、港人在國際的發展空間。利用香港優勢和資源，大力拓展國際市場和內地市場，比如港鐵、機管局進行國際市場和內地市場的拓展。這涉及法定機構條例的修訂。近年來，中央有關部門陸續出台便利港澳居民在內地生活、就業、學習的政策措施，包括規範內地高校招收港澳學生，允許港澳居民參加國家中、小學教師資格考試，取消港澳居民在內地就業許可制度，推出港澳居民居住證申領辦法，允許在內地就業的港澳居民享有住房公積金待遇，允許港澳居民在大灣區買房，允許符合條件的香港法律執業者和澳門執業律師通過粵港澳大灣區律師執業考試從事一定範圍的內地法律事務，等等。中央政府及地方政府根據實際情況，不斷推出便利港澳居民在內地發展的政策措施。推動香港與內地，包括滬港、京港，區域性合作機制的功能升級和擴大區域合作範圍，推動更多具體的合作項目。

五

2019 年發生的「修例風波」，凸顯了香港在維護國家安全方面存在的重大風險和挑戰。為在香港維護國家主權、安全、發展利益，維護香港繁榮穩定，中央通過「決定 + 立法」的方式在香港維護國家安全。《香港國家安全法》是繼 1990 年 4 月全國人大制定《香港基本法》以來，中央制定的管治香港的另一部法律。

全國人大及其常設機構全國人大常委會做出的「決定」，也同樣具有法律效力和權威，不容挑戰，必須不折不扣地執行。香港回歸以來，全國人大及常委會通過做出「決定」、解釋《基本法》等方式，保障「一國兩制」和《基本法》的實施，是對「一國兩制」實踐中出現的新情況、新問題等從法律層面上補充和完善。中央對香港維護國家安全具有「兜底」責任，面對香港出現的危害國家安全行為，只有加快推進維護國家安全立法進程，儘快使相關法律落地，才能有效堵塞漏洞，更好維護國家主權、安全、發展利益和香港的繁榮穩定。

國家對特別行政區的主權是一個凌駕性原則，而非象徵性符號。中央政府授權特別行政區高度自治之外，保留關鍵性的權力正是主權原則的體現。中央政府的關鍵性權力體現在中央對特別行政區的全面管治權中。中華人民共和國是奉行單一制（unitary system）的國家，在處理中央與地方關係時，必須理解地方的權力均源自中央。可見中央與特別行政區的關係並非對等地位，而是從屬關係。特別行政區的高度自治權權力源自中央授權，並不存在剩餘權力（residual power）。

依法治港是回歸以來，中央對香港特別行政區行使全面管治權的重要原則和制度，中央依法行使《憲法》和《基本法》賦予的各項權力。《憲法》與《基本法》共同構成香港特別行政區的憲制基礎。但在中央依法行使全面管治權的過程中，出現的新情況、新問題，成為「一國兩制」實踐的重要挑戰。發揮好中央的全面管治權，將中央的全面管治權與香港的高度自治權有機結合，才有利於「一國兩制」的實行。從香港的經驗教訓來看，由於實行

先統一、後治理，中央長期沒有主動行使對香港特別行政區的全面管治權去治理香港以及監督特區政府的高度自治權，導致雖然香港已經回歸多年，但中央的權力在香港仍不能有效落地，對香港的治理仍然面臨諸多風險和挑戰，中央的全面管治權與香港的高度自治權也未能較好地實現有機結合。

賦能港人治港、高度自治所依賴的主要平台、資源。回歸多年來，香港高度自治依賴的傳統平台、資源出現僵化、保守、按部就班，需要進行改革、升級。所依賴的平台和資源有哪些呢？首先就是三權，行政、立法、司法。其次是三權的施行者。第三就是社會資源，包括企業、社會組織等。隨着國際形勢、國家發展形勢以及兩岸關係和「一國兩制」在香港實踐的變化，要優化配置港人治港、高度自治，實現施政思維的現代化、施政體系的現代化和施政能力的現代化。

由「修例風波」引發的動亂是香港回歸以來最嚴重的管治危機。未來香港是否還會再出現如「修例風波」般，甚至比其更嚴重的危機呢？關鍵取決於是否在政治、經濟、法律等制度上，做好避免此類重大風險和危機出現的準備。回歸以來，香港在加強國民教育方面的缺失和疏漏，讓人心回歸仍面臨巨大挑戰，特別是在增強港人國家意識和愛國精神方面，仍有大量工作要做。

中央對香港特別行政區高度自治權的監督權是主權性的監督權，是中央全面管治權最為重要的體現之一，是具有優先性的權力。監督權是中央授權的內在意涵。監督權必須是實質的監督，而不是象徵地監督。採取實時的動態監督，通過深入了解香港發展趨勢和可能出現的風險，以監督權提前介入，減少事發及事後

的干預，讓監督權更好地發揮作用。比如加強對中央政府依據
《香港基本法》任命的主要官員的監督；加強對行政、立法、司
法權力的監督；加強對特區政府施政的監督；加強對香港維護國
家安全的監督。加強監督不是代替香港治理，更不是減少、降低
香港的高度自治權。加強監督的目的是更好地落實中央的全面管
治權和香港的高度自治權，有利提升香港高度自治權的效能。